普惠金融与“三农”经济研究系列丛书

丛书策划：米运生

农业保险高质量发展：动力机制与广东实践

蔡 键等 著

中国农业出版社

北 京

图书在版编目（CIP）数据

农业保险高质量发展：动力机制与广东实践 / 蔡键等著. —北京：中国农业出版社，2023.10
（普惠金融与“三农”经济研究系列丛书）
ISBN 978-7-109-31238-8

Ⅰ.①农… Ⅱ.①蔡… Ⅲ.①农业保险—发展—研究—广东 Ⅳ.①F842.66

中国国家版本馆CIP数据核字（2023）第196433号

中国农业出版社出版
地址：北京市朝阳区麦子店街18号楼
邮编：100125
责任编辑：闫保荣
版式设计：王 晨 责任校对：吴丽婷
印刷：北京中兴印刷有限公司
版次：2023年10月第1版
印次：2023年10月北京第1次印刷
发行：新华书店北京发行所
开本：700mm×1000mm 1/16
印张：13
字数：230千字
定价：68.00元

基金资助：

广东省财政专项资金项目“普惠金融与三农经济研究”（GDZXZJSCAU 202054）

国家社会科学基金重大项目“乡村振兴与深化农村土地制度改革研究”（19ZDA115）

序　言

金融是现代经济的核心。金融业的规模经济性和空间聚焦性容易导致金融发展的不平衡不充分问题。特别是空间分散和稀薄市场等引起的高交易成本等因素，会从广度、宽度和深度等方面，不利于农村金融市场的发展。农民，尤其是小农，容易遭遇到金融排斥和信贷配给等问题，而且农民的认知偏差和较低的金融素养，会使问题变得更为严峻。数字技术和数字经济快速发展带来的数字金融，在一定程度上降低了信息成本和交易成本，在促进长尾市场发展的同时，也在很大程度上促进了农村金融市场的发展。数字鸿沟的存在，也使得农村金融市场发展面临着较大的困难。发展中国家的农村地区普惠金融的发展是一个世界性难题。作为人口最多的发展中国家，中国也一样面临着较大的城乡金融发展不平衡问题，普惠金融也因此变得非常重要。

广东是中国第一经济强省，同时也是区域差距和城乡差距较大的省份。在金融领域，广东的区域差距和城乡差距也是比较大的。处于改革开放前沿阵地的广东，在通过普惠金融助推乡村振兴并实现现代化方面，承担着重要责任和使命。这既是国家对广东的要求，也是广东农村高质量发展的需要。当前，广东正在以习近平新时代中国特色社会主义思想为指引，谋划“十四五”发展规划。其中，发展普惠金融，也是重要的一环。广东省委、省政府一直高度重视普惠金融，广东的普惠金融发展也取得了较大的进展，探索了不少颇有成效的经验模式。不过，普惠金融的发展是一个系统工程，也是一个动态过程。对广东来说，普惠金融的发展还面临着不少亟待解决的问题，还存在一些需要克服的困难。

通过普惠金融，解决广东金融发展的不平衡和不充分问题，不但关系到广东金融业的可持续发展，也关系到广东乡村振兴战略的顺利实现，更关系到广东现代化建设目标的如期实现。研究广东普惠金融的规律，总结其经验，发现问题并提出方案，是摆在社会各界特别是学术界面前的一项历史使命。要完成这项使命，高校责无旁贷。就发展普惠金融而言，华南农业大学应该发挥它的重要作用。依托金融学广东省特色重点学科、广东省金融大数据分析重点实验室、金融学学术和专业硕士授权点、金融学国家一流专业建设点等平台，华南农业大学金融学学科，在普惠金融的学术研究、人才培养和社会服务等方面，一直发挥着重要作用，为广东农村金融和普惠金融的发展，做出了不可替代的贡献。

华南农业大学金融学学科（专业）的发展，长期以来得到了广东省委、省政府的大力支持。随着乡村振兴战略的深入推进，广东加大了对华南农业大学的支持力度。2020 年，在广东省人民政府张新副省长的关心和指导下，华南农业大学成立了普惠金融与“三农”经济研究院。成立该机构的宗旨主要是：加强普惠金融的学术研究、人才培养和社会服务，探索广东普惠金融的发展道路、实践模式及其所需要的政策支撑体系；通过普惠金融的发展，助推广东乡村振兴战略和粤港澳大湾区战略，促进广东更平衡更充分的发展。根据广东经济和金融发展的特点，我们把研究方向聚焦于普惠金融、数字金融、农村产权抵押融资等领域。为了使社会各界了解广东普惠金融在理论、实践和政策等方面的状况，促进广东普惠金融事业的发展，我们计划出版系列丛书。在 2021 年，我们已经出版了三本专著，即《广东普惠金融发展报告（2020）》《普惠金融改革试验区：理论与实践》《普惠金融实践创新：广东案例》。在此基础上，我们决定继续出版系列专著即丛书第二辑。

本丛书的出版，得到了很多人的大力支持。在此，特别感谢广东省人民政府张新副省长、广东省地方金融监督管理局童士清副局长、华南农业大学刘雅红校长、华南农业大学仇荣亮副校长、华南农业大学科学研究院社科处黄亚月处长、华南农业大学经济管理学院领导、华南农业大学普惠金融与“三农”经济研究院的团队负责人和骨干成员等。当然，也要感谢广东省财政专项资金（粤财金202054 号文件）对本系列丛书的资金支持。

华南农业大学经济管理学院
华南农业大学普惠金融与“三农”经济研究院　米运生

前　言

随着我国农业规模化经营和产业化发展，农业科技、资金等生产要素投入不断增加，规模化与集约化经营成为现代农业发展的总趋势。然而，由于农业独有的特性，伴随规模化趋势而来的是不容忽视的风险传导和放大，农业经营主体面临的农业风险问题也越来越突出。风险的集中和扩大意味着农业经营主体承受巨大经济损失的概率增加，农业规模化发展的预期收益可能因此降低，农业经营主体的生产积极性受到一定的打击，不利于农业现代化发展和乡村振兴战略的全面实施。因此，客观上需要创建一种适应农业规模化经营的转移风险、分摊经济损失的风险管理机制，现代农业保险具有这一功能。农业保险作为金融支农的重要一环，能够保障农业的发展，促进农业生产的灾后重建，避免农民遭受重大损失，为农业规模化经营的成功实施保驾护航。然而，由于种种原因，长期以来我国农业保险市场都处于“需求有限，供给不足”的失灵状态。因此，为推动农业现代化发展、实现乡村振兴战略，亟待优化农业保险市场，推动农业保险高质量发展。

2019 年 10 月中央全面深化改革委员会审议通过《关于加快农业保险高质量发展的指导意见》（以下简称《指导意见》），为中国农业保险高质量发展指明了方向。然而，如何推动农业保险内源式高质量发展，其背后的动力机制是什么，《指导意见》并未详细道明。因此，各地都在《指导意见》下进行探索与实践，失败教训的案例屡屡出现。从广东实践来看，2020 年 6 月由广东省财政厅、广东省农业农村厅、广东省地方金融监督管理局、中国银行保险监督管理委员会广东监管局、广东省林业局印发的《关于大力推动农业保险高质量发展的实施意见》，明确了广东省2030年农业保险高质量发展的目标，并详细制订了短期（2020—2022年）和长期（2023—2030）的实施措施和方案。截至2021年底，广东的农业保险高质量发展取得显著成效，是值得国内其他省份借鉴和学习的典范。

因此，本研究试图从理论上对农业保险实现内源式高质量发展的动力机制进行总结提炼，并结合广东省的实践进行论证。通过本研究，以期为新时代推进中国农业保险高质量发展提供理论指导和现实经验。具体而言，本研究将结合农业保险市场的三大主体，构建三条分析路径：①政府，财政支持对农业保险高质量发展的影响；②保险机构，数字技术赋能农业保险高质量发展；③农业生产者，认知素养提升对农业保险市场失灵的纠正作用。在此基础上，对农业保险高质量发展的动力机制以及广东的践行效果做出全面而深刻的分析，并为未来广东省农业保险进一步高质量发展提出有针对性的对策建议。

须特别说明的是，本书是笔者带领的研究团队与中国人民财产保险股份有限公司广东省分公司联合完成的作品；书稿的完成亦得到华南农业大学普惠金融与“三农经济”研究院的大力支持。本书各部分作者信息如下：第一部分，蔡键、钟志军（中国人民财产保险股份有限公司广东省分公司）、袭建行、陈晓婷、谢佳轩；第二部分，曾小波（中国人民财产保险股份有限公司广东省分公司）、蔡键、肖楷航、曾滋媛、张豫西；第三部分，蔡键、王仕伟（中国人民财产保险股份有限公司广东省分公司）、吴润民、吴蕴奇、谭浇盈、宁康、钟雨晴、郑裕晟；第四部分，蔡键、钟志军（中国人民财产保险股份有限公司广东省分公司）、陈烨、黄梓濠、郭婧；第五部分，蔡键、曾小波（中国人民财产保险股份有限公司广东省分公司）。

作　者

2023年6月

目　　录

第二部分 政策支持与农业保险市场发育

第三部分　数字技术与农业保险供给侧高质量发展

第四部分　认知素养与农业保险需求侧高质量发展

第五部分　结　语

第一部分　总　　论

第一部分为本书的开篇，该篇的撰写目的主要有三：一是向读者说明本研究想要解决的现实问题是什么，其背后的科学问题是什么；二是向读者说明为什么要开展本研究，即本研究的价值将在哪些层面得到体现；三是向读者说明本研究将如何开展，即研究思路、研究内容与具体的研究过程。具体而言，本部分主要阐述整个研究的背景、意义、研究所使用的方法、数据与研究的核心问题，并对前人相关研究进行综述、对相关理论进行梳理从而形成本研究的分析基础，对广东农业保险高质量发展的相关数据进行统计分析从而勾画出本研究的基本背景。第一篇包括三个章节，核心内容为绪论、文献综述与理论框架、现状描述。

第1章为绪论，是全书的统领性章节，旨在向读者说明本研究的核心内容与价值所在。首先，从全国大力推进农业保险高质量发展的现实背景出发，提出“农业保险高质量发展的动力机制研究”是一个值得研究的科学问题，并结合现实凝练出本研究拟探讨的具体问题；其次，对本研究的理论与现实意义、研究目的做出阐述；最后，从研究内容、研究方法、技术路线等多个维度阐明本研究的思路与框架。

第2章为国内外农业保险研究现状，是本研究理论层面的基础性内容，从文献梳理角度为后文分析形成铺垫。一方面，对农业保险高质量发展的相关话题，如农业保险功能、农业保险主体、政策支持农业保险、农业保险数字化、生产者农业保险素养等内容，进行全面文献梳理；另一方面，对前人相关研究的贡献和不足做出分析，为后文研究提供理论支撑。

第3章为广东省农业保险高质量发展的现状、机遇与挑战，是本研究现实层面的基础性内容，基于农业保险发展的统计资料与数据，从政策目标、发展历史、现状特点、发展机遇、现实挑战等多个维度对广东农业保险发展的现实背景进行全面描述，为后文分析形成铺垫。首先，对广东省农业保险高质量发展的内涵与目标进行深度解析；其次，通过历史统计数据，对广东省农业保险的发展历程和特点做出总结；再次，通过省际比较、省内东西北不同区域比较，分析广东省农业保险高质量发展的成效与问题；最后，总结分析广东省进一步推进农业保险高质量发展的机遇与挑战。

第1章 绪　　论

1.1 研究背景与问题提出

1.1.1 研究背景

随着我国农业规模化经营政策的推进实施和农业产业化发展，农业科技、资金等生产要素投入不断增加，规模化与集约化经营成为现代农业发展的总趋势。然而，由于农业独有的特性，伴随规模化趋势而来的是不容忽视的风险传导和放大，农业经营主体面临的农业风险问题也越来越突出。风险的集中和扩大意味着农业经营主体承受巨大经济损失的概率增加，农业规模化发展的预期收益可能因此降低，农业经营主体的生产积极性受到一定的打击，不利于农业现代化发展和乡村振兴战略的全面实施。因此，客观上需要创建一种适应农业规模化经营的转移风险、分摊经济损失的风险管理机制，现代农业保险具有这一功能。农业保险作为金融支农的重要一环能够保障农业的发展，促进农业生产的灾后重建，避免农民的重大损失，为农业规模化经营的成功实施保驾护航。然而，由于种种原因，长期以来我国农业保险市场都处于"需求有限，供给不足"的失灵状态。因此，为推动农业现代化发展、实现乡村振兴战略，亟待优化农业保险市场，推动农业保险高质量发展。

从全国政策发布来看，2019 年 10 月 12 日中央全面深化改革委员会第八次会议审议通过《关于加快农业保险高质量发展的指导意见》（以下简称《指导意见》），为中国农业保险高质量发展指明了方向。《指导意见》明确提出，"农业保险作为分散农业生产经营风险的重要手段，对推进现代农业发展、促进乡村产业振兴、改进农村社会治理、保障农民收益等具有重要作用"。对此，2021 年和 2022 年的中央 1 号文件分别在"提升粮食和重要农产品供给保障能力""强化农业农村优先发展投入保障""保障'菜篮子'产品供给""合理保障农民种粮收益"和"强化乡村振兴金融服务"等板块论述了农业保险的积极作用。《"十四五"推进农业农村现代化规划》则进一步强调了农业保险在“提升农业抗风险能力”方面的重要作用。可见，农业保险高质量发展，对新时代乡村振兴战略全面实施、农业农村现代化全面推进都具有重要的现实意义。

从广东省政策配套与执行情况来看，2020年6月广东省财政厅、广东省农业农村厅、广东省地方金融监督管理局、中国银行保险监督管理委员会广东监管局、广东省林业局联合印发的《关于大力推动农业保险高质量发展的实施意见》（以下简称《实施意见》）提出：2022年实现“政策性农业保险基本覆盖全省种养业主要品种，收入保险成为我省农业保险的重要险种，农业保险深度（保费/第一产业增加值）达到1.2%以上，农业保险密度（保费/农业从业人口）达到500元/人”的高质量发展目标；2030年实现“农业保险服务领域进一步拓宽，农业保险深度、密度达到全国领先水平”的农业保险走在全国前列的目标。与此同时，2022年1月广东省提出《广东省人民政府办公厅关于金融全面支持乡村振兴的实施意见》，进一步强调了农业保险在乡村振兴中的作用，对推进农业保险高质量发展的重要现实意义进行了阐述。《实施意见》颁布以来，财政支持下的广东省农业保险取得突出成绩。2020年和2021年广东省农业保险保费收入增速、风险保障额度增速均排全国第一位，农业保险实现跨越式发展。2021年全省农业保险保费收入47.77亿元（不含深圳），同比增长80.56%；为农业生产提供了超过2 000亿元风险保障，增长100%。农业保险深度0.97%，比2020年提高0.41个百分点。2022年在疫情防控常态化、国际环境不稳定等外部不利因素影响下，广东省农业保险仍然快速发展，保费规模达到81.12亿元，同比增长达到70%，增幅继续在国内排名第一。可见，《实施意见》提及的2022年目标基本实现，制定新一轮实施方案以推进实现2030年走在全国前列的全面发展目标是当前的一项重点工作。

1.1.2 问题提出

那么，过去3年广东省农业保险高质量发展模式是否可持续，按照该模式能否在2030年实现“全面发展、走在全国前列”的目标？这是当前学界、业界、政界都亟待研究回答的重要问题。对此，本书试图从理论上对农业保险实现内源式高质量发展的动力机制进行总结提炼，并结合广东省的现状进行论证，以期为新时代推进中国农业保险高质量发展提供理论指导和现实经验。

1.2　研究目的和研究意义

本书基于广东省大力推进农业保险高质量发展的现实背景，在理论分析推动农业保险高质量发展动力机制的基础上，对过去 3 年广东省推进农业保险高质量发展的做法和经验进行全面研究，以期通过文本研究法、问卷调查法、理论分析、统计分析、案例研究等方法，对广东省农业保险高质量发展的举措、经验、成效、不足进行分析，进而为推进广东省农业保险进一步高质量发展、实现走在全国前列的目标提供有针对性、可操性的对策建议。具体而言，本课题的研究目的和研究意义如下。

1.2.1　研究目的

第一，从理论上构建能够保障农业保险持续高质量发展、产生内源式发展动力的路径。结合农业保险市场的三大主体，构建三条理论路径：①政府，财政支持对农业保险高质量发展的影响；②保险机构，数字技术赋能农业保险高质量发展；③农业生产者，保险认知素养对农业保险市场失灵的纠正作用。

第二，厘清广东省过去 3 年推进农业保险高质量发展的举措及其机理、成效及其经验、不足及其原因，进而论证理论上总结的三个动力机制。

第三，提炼出优化广东省农业保险市场的政策方向，从财政支持农业保险发展、数字技术赋能农业保险、提升农户保险认知素养等维度为进一步推进农业保险高质量发展提出政策建议与配套措施。

1.2.2　研究意义

第一，理论价值。本书的理论价值主要体现在如下两方面：一是将“市场机制”“供需均衡”“技术创新”等理论引入农业保险领域，从政府、保险机构和农户三个维度分别对财政补贴、数字技术、认知素养进行深入剖析，并探讨这三者对农业保险进一步高质量发展的作用机理。本课题将通过理论模型构建、现实数据分析、典型案例研究等，详细阐述农业保险中财政、技术、素养等对农业保险市场持续高质量发展的作用机理。二是为农业保险研究提供新的思路。在农业保险高质量发展背景下，广东省 3 年发展取得巨大成效，但其内生发展动力体系未被有效挖掘。本书以广东省现实数据、案例为素材，通过深入分析农业保险发展的内在机理，为农业保险高质量发展寻得内生动力机制。

因此本研究的结论，有助于拓宽农业保险的研究思路。

第二，现实意义。本课题的现实意义主要体现在如下两方面：一是研究结论有助于推动广东省农业保险持续高质量发展。2020—2022 年广东省农业保险快速发展，取得突出成绩，但却未能厘清农业保险持续发展的内生动力。本书对此进行深入探讨、数据分析，进而为广东省农业保险持续高质量发展提供有价值、有可操作性的对策建议。二是研究结论有助于为兄弟省份及全国各地推进农业保险高质量发展提供有益经验。本课题在开展研究分析的同时，也对广东省过去 3 年的发展经验进行总结，从财政、技术、素养等多个角度提炼广东省农业保险高质量发展动力机制，研究结果有助于为其他兄弟省份提供有益经验。

1.3 研究内容和研究方法

1.3.1 研究内容

第一，剖析农业保险高质量发展的动力机制。该部分内容主要为从理论上构建能够保障农业保险持续高质量发展、产生内源式发展动力的路径。结合农业保险市场的三大主体，构建三条理论路径：一是从政府角度探析财政支持对农业保险高质量发展的影响；二是从保险机构角度探析数字技术赋能农业保险高质量发展；三是从农业生产者角度探析保险认知素养对农业保险市场失灵的纠正作用。

第二，国内外农业保险发展的经验。该部分内容主要是进行经验研究，对国外农业保险发展的经验进行总结，对国内农业保险高质量发展的成功案例和失败教训进行总结。

第三，农业保险高质量发展的广东实践。该部分内容将在调研农业保险机构、农业生产者、农业保险相关政府部门的基础上，对第一部分内容提出的动力机制进行实证检验。

1.3.2 研究方法

第一，文本研究法。研究全国范围内农业保险高质量发展的相关文件材料、案例素材以及国外农业保险财政政策和发展经验，对政策的演变过程做梳理总结，对国内外经验教训进行总结分析。

第二，问卷调查法。在广东省实地调研水稻种植户的农业保险购买情况、认知程度及其影响，通过调研法收集广东省稻农的相关数据。

第三，实证分析法。第一，本研究采用VAR模型及其方差分解、脉冲响应技术，分析历年广东省财政支持政策对农业保险发展的影响绩效，从广东省整体投入角度探寻财政支持农业保险的成效与问题。第二，本研究采用数据包络分析模型（DEA）评价广东省各保险机构在农业保险数字技术方面的投入产出效率，从机构差异方面探讨数字技术如何赋能农业保险高质量发展。第三，本研究采用Tobit、Probit回归模型从微观层面分析农户农业保险的金融素养及其对农业保险发展、粮食生产的影响。

1.4　研究思路和技术路线

1.4.1　研究思路

本书基于研究内容和已有研究基础，明确相关概念、目标及范围，进行文献归纳和问卷设计。以“前人研究—现状剖析—理论解释—实证检验—经验总结—政策建议”为研究思路，系统提炼农业保险高质量发展的内在动力机制，通过对广东省农业保险高质量发展的素材与案例进行论证，进而阐述推进农业保险持续高质量发展的思路，并提出具有针对性的政策建议和配套措施。

具体行文分为五大部分。第一部分为总论，主要包括绪论、国内外研究综述、广东省农业保险发展现状；第二部分为政策支持与农业保险市场发育，主要包括政策支持农业保险的现状、政策支持推动农业保险高质量发展的内在机制、政策支持对农业保险的整体效应与地区差异；第三部分为数字技术与农业保险供给侧高质量发展，主要包括数字技术对农业保险供给侧的影响机理、影响效应和广东案例；第四部分为认知素养与农业保险需求侧高质量发展，主要包括保险认知素养对农业保险高质量发展的影响机理、影响效应和广东案例；第五部分为结语，主要包括国内外农业保险高质量发展经验和全书的结论与讨论。

1.4.2　技术路线

本书按照“问题提出—分析问题—解决问题”的思路展开研究（图1-1）。

首先，在对背景进行梳理的基础上，结合文献和资料提出研究问题：农业保险高质量发展的动力机制是什么？广东省如何践行该发展思路？

其次，在对广东省农业保险高质量发展的现状进行梳理的基础上，从农业保险市场三大主体（政府、保险机构和农业生产者）出发，分别在理论和实证两个层面研究不同主体影响农业保险发展的主要动力机制。具体而言：①从政府层面探讨政策支持对农业保险市场发育的影响机理；②从保险机构层面探讨数字技术推动农业保险供给侧高质量发展；③从农业生产者层面探讨认知素养影响农业保险需求端高质量发展的内在机理。

最后，根据研究结论，提出有针对性的对策建议，以期为农业保险进一步高质量发展指明方向。

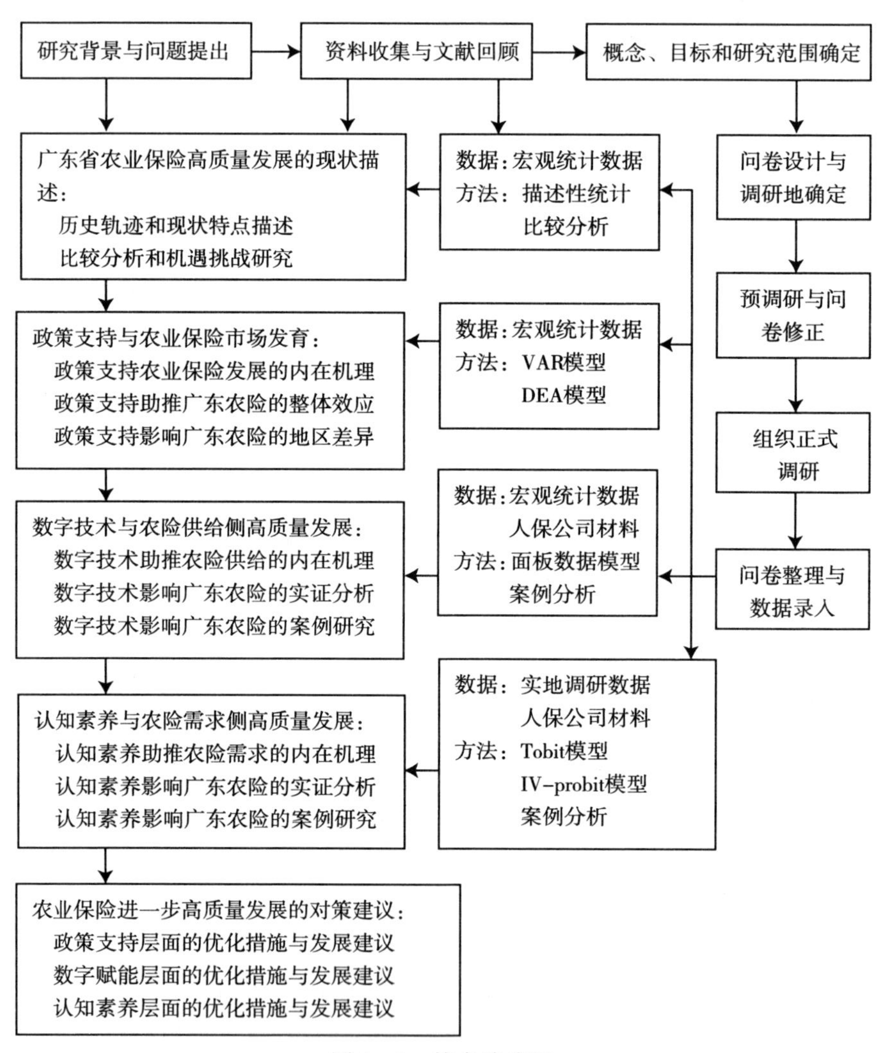

图 1-1　技术路线图

第 2 章　国内外农业保险研究现状

2.1　农业保险作用功能的相关研究

第一，农业保险的基本功能是规避和分散专业化生产导致的风险。农业生产的自然特性及当前所面临的市场、农业生产经营体制环境等，决定了我们在加快推动农业适度规模经营的同时，也要关注其背后可能面临的诸多风险（朱晓强等，2006；马德富、鲁先凤，2010；周应恒等，2010）。对此，罗必良等（2008）从资产专用性角度做出解释：实行农业产业化经营的农户虽实现了农业的规模化生产但增强了其资产专用性程度，从而加大了农户进入市场的交易费用，令其面临较大的不确定性和市场风险。可见，农民扩大经营规模后将由于专业化生产而面临更大的风险。一方面，通过土地流转而实现土地适度规模经营的种植大户相对于普通农户而言，将承受更大的自然风险和市场风险（崔宁波等，2014；刘银妹，2014），因为土地规模的扩大将使风险趋向集中；另一方面，农民在扩大经营规模过程中，部分生产环节将实现服务外包，这可能导致由委托代理所带来的社会风险增加，因为伴随着生产的社会化，农户除了要面对难以抗拒的自然风险外，还要面临不可预知的社会风险，具体包括信息风险、技术风险和市场风险（郝亚光，2009；姜晓萍、衡霞，2011）。因此，为了确保农业生产效果，提高经营效率，种植户在扩大经营规模过程中必须做好风险防范工作，农业保险正是转嫁生产风险的有效途径。随着研究的不断深入，学者们开始关注农业保险的衍生功能。

第二，农业保险的拓展功能是保障提升农业生产者的收入水平。国内外学者就农业保险对收入的影响功能展开了研究。国外方面，Kraft（1996）经过理论分析得出，农业保险主要影响农业净收入的概率分布。Hazell（1986）利用日本案例实证得出，农业保险可以稳定农户收入，降低农户灾害风险损失，发挥“稳压器”作用。Enjolras（2014）通过对意大利和法国的农场研究得出，农作物保险可以有效降低农户收入波动，稳定农户收入。Gine（2008）实证研究发现，印度南部安得拉邦农户在参加暴雨保险后，其财富水平有效提高。Glauber（2007）提出，农业保险在提高农业产量的同时，可能影响农户收入。国内方面，学者们将农业保险的收入功能进一步细化。首先，有学者研究了农业保险与农户收入之间的关系。梁平等（2008）、孙朋等（2011）通过实证分析证明农业保险是影响农民收入的“格兰杰原因”，郑军（2019）认为农业保险可以稳定农户经营性收入水平。但也有研究发现，农业保险不一定增加农户收入，如石文香等（2019）利用我国省级面板数据检验发现，只有当农民收入水平超过一定门槛值以后，发展农业保险才能显著提高农民收入。其次，目前国内关于完整解释和深入研究农业保险对农户收入影响机理的文献主要集中在损失补偿、调节收入差距、影响生产行为和农业产出方面。在损失补偿方面，农业保险作为世界贸易组织（WTO）规则许可的支农措施，在农户遭受灾害风险损失后有助于农户得到一定赔偿（冯文丽等，2007；高杰，2008；马九杰等，2020）。周稳海等（2014）从灾前和灾后两方面分析农业保险对农民收入的影响，并得出：存在保费支出的灾前效应对农民收入是负向影响，而具有灾后补偿的效应则可以促进农户收入增长，农业保险总效应对农民收入具有正向促进作用。在调节收入差距方面，罗向明等（2011）、庹国柱（2016）提出政策性农业保险可以调节农民群体之间收入分配，降低东中西部地区间收入差距；政府财政保费补贴的实质是提高农民的收入水平（张小东等，2015）。

第三，农业保险还具有调节优化农业生产者投入产出行为的功能作用。任天驰等（2020）提出，农业保险与农户生产方式互为因果关系，通过改变农民的收入预期而影响其要素配置与生产行为，即对要素投入产品转化为收入的整个过程产生系统性影响（张哲晰等，2018；黄亚林，2017）。林光华等（2013）、张驰等（2017）实证分析发现，由于投保人的道德风险问题，参加农业保险对疫病防控要素投入和有机肥的施用存在负向影响。聂荣（2013）、宗国富（2014）、卢飞（2017）、冯文丽（2018）、温虎等（2019）认为政策性农业保险有利于提高农户个体的农业产出水平，农业保险风险保障和融资支持促进农业产业化程度提升。左斐（2019）基于1980—2019年国内外相关文献分析，提出农业保险通过“长期机制”和“短期机制”的共同作用，对农作物产出带来影响。

2.2 农业保险市场发育的相关研究

第一，农业保险市场持续发育，但仍存在一系列市场失灵问题。当前我国农业保险具有市场持续保持高增长、政策地位更受重视、补贴品种日益增加、保障程度不断提高、险种创新层出不穷等特点，农业保险发展取得巨大的成绩（冯文丽、苏晓鹏，2019）；同时中国农民对农业保险的接受程度也普遍提高，农业保险的覆盖范围也在不断扩大（阮秀蓉，2016）。在看到我国农业保险市场发展取得巨大成就的同时，也要认识到我国农业保险市场目前仍存在协同推进效率不高、政策目标不明确、市场主体行为有偏差、县级财政拖欠补贴、主产区补贴负担较重及保险公司面临大灾风险威胁等问题（冯文丽、苏晓鹏，2019）。Yu Zhenzeng 等（2010）和温昕（2016）认为当前我国农业保险市场存在的问题主要表现为政府干预下的寻租问题，信息不对称导致的一系列低补贴效率、逆选择和道德风险问题。另外，供需双冷、经济欠发达地区政府缺少财政资金进行农业保险保费补贴等问题也仍存在（阮秀蓉，2016）。对此，叶朝晖（2018）认为目标界定不清晰和创新科学性不足等问题导致我国农业保险市场效率偏低。石晓军和郭金龙（2013）认为投保人的逆向选择、道德风险行为和承保人在承保过程中的不规范行为严重制约了保险业的内在发展；并且在理赔时协调成本高的问题也对农业保险市场的发展有阻碍作用。郭欣琪和蔡键（2020）认为农业保险市场中存在严重的供需错配问题，主要体现为新型农业经营主体迅速发展及其对高保障水平农业保险的需求与保险公司供给的农业保险产品以成本保险为主的低保障水平保险之间的矛盾。Lysa Porth 等（2016）和庹国柱（2018）认为农业保险市场中，农户和保险公司都存在着逆选择行为，这极大地影响了农业保险市场的进一步发展。

第二，农业保险市场失灵是诸多因素影响下的市场结果。新古典经济学认为保险市场失灵的主要原因是逆选择、道德风险和外部性问题；行为保险学认为，保险市场失灵的真正原因是忽略小概率风险和过度短视（郭振华，2018）。冯文丽（2004）和 Wan Kailiang 等（2007）通过研究提出，农业保险市场失灵的主要原因是农业保险制度供给不足和系统性风险的存在以及供求双方高度的信息不对称导致的道德风险和逆向选择，并且农业保险本身具有严重的外部性特征。除以上问题外，张跃华等（2016）还认为农户分布广且分散导致的高额经营费用问题也是造成当前我国农业保险市场失灵的原因之一。周县华（2010）、张跃华等（2016）、季司晨（2018）认为农业保险市场存在的道德风险和逆向选择行为极大地增加了农业保险的交易成本，高交易成本直接导致了市场失灵。

第三，从政策制度、财政支持等层面优化市场是降低农业保险市场失灵的重要举措。庹国柱（2018）根据当前我国农业保险市场发展存在的问题及原因，提出应采用完善大灾风险分散机制、限制农业保险领域的竞争、建立科学合理的农险费率精算制度、加强科学技术在农险领域的应用等措施来解决农业保险市场双方的逆向选择问题。季司晨（2018）认为农业保险市场失灵主要是由农业风险属于弱可保风险且市场化困难、赔付率高三个特点造成的，并提出应采取完善农业保险立法制度、因地制宜实施补贴政策、创新监管的措施来缓解农业保险市场存在的问题。温昕（2016）提出可积极发展相互保险模式来解决当前农业保险市场存在的问题。郑军、汪运娣（2017）认为应对各地区实施差异化的补贴政策，以促进各地区的农业保险市场发展。郑军、袁帅帅（2015）和 Pu You（2014）认为保险公司应适应农业产业化需要提升农业保险发展的层次和内容。庹国柱（2019）提出，针对我国农业保险市场的进一步发展需要发展中介服务，但农险中介市场当前存在的中介机构和“协保员”不规范等问题严重，亟待出台文件严格规范农险中介市场行为，提升其业务代理水平。冯文丽和苏晓鹏（2020）、肖宇谷等（2020）提出通过优化农业保险管理机构、改善农业保险市场环境、完善农业保险制度体系、拓宽农业保险服务领域、提高农业保险保障水平以及规范农业保险市场秩序等措施来促进我国农业保险的高质量发展。

2.3 农业保险财政支持的相关研究

第一，政策性农业保险不断创新发展。从 2007 年开始，中央财政开始减少对农业生产的直接补贴，增加对农业保险的保费补贴，政策性农业保险制度基本架构得以建立。2013 年以后，随着农业保险立法，一方面延续之前主要措施，如税收优惠、财政补贴、农业再保险；另一方面开始新的措施与改革：一是创新制度环境，二是农业保险经营机制改革，三是农业保险产品创新，四是新技术在农业保险中的应用，五是农业保险精细化服务（徐婷婷、荣幸，2018）。经过十几年的发展，农业保险的财政支持不断完善：一是农业保费补贴不断加强，保费补贴区域由局部转向全国，保费补贴品种不断拓展，保费补贴力度逐步上升；二是农业保险保障能力不断上升，农险保费收入稳步增加，农险保障水平明显上升，农险赔付水平不断上升（刘汉成、陶建平，2020）。丁少群等（2021）指出政策性农业保险已逐步从单一的粮食安全保障过渡到支持农业现代化转型的高质量发展阶段，我国还需要通过调整财政补贴结构、拓宽专业化农业的保障范围、提升现代农业保障水平、落实灾害防治服务、筑牢巨灾风险分散机制等路径实现农业保险高质量发展。

第二，农业保险的财政支持取得显著成效。大多数学者从宏观角度，研究农业保险财政政策实施成效。比如：有学者根据2008—2017年的数据，利用基尼系数和广义熵指数测度了各省农业保险发展水平的差异变化，发现区域差异呈缩小趋势，并发现财政补贴因素对东部和中西部省份的农业保险发展水平都有显著的影响（何小伟等，2021）。同时，也有学者从微观层面，即基于农户视角研究该问题。比如：有学者通过实地调研，收集农户保险意识及保险购买情况等相关数据，得出加强农村基础设施建设、提高农业生产设防水平、结合农民需求和支付意愿，设计合理丰富的保险产品等结论（周美琴等，2012）。政策性农业保险在脱贫减贫方面取得明显成效，推行政策性农业保险显著降低了贫困人口数量，缩小了贫困缺口和贫困农户内部的收入差距（黄薇，2019；段白鸽、何敏华，2021；张伟等；2021），路径为农业保险通过促进农村居民家庭经营纯收入和家庭转移性收入的增长来带动农村居民家庭总收入水平的提高（李琴英等，2018）；但是扶贫效果存在门限特征，说明农业保险扶贫效果受制于经济发展水平（朱蕊、江生忠，2019）；为防止返贫现象频繁发生，徐婷婷等（2022）对农户的贫困脆弱性进行测度，进而提出农业风险冲击下，政策性农业保险通过提高农户的农业风险保障水平，对降低其贫困脆弱性产生积极影响；张栋浩和蒋佳融（2021）从保险深度、保险密度角度进行研究，发现提高保险深度能够降低贫困脆弱性，提高保险密度则会增加贫困脆弱性。

第三，财政支持农业保险的效果有待提升。与世界发达国家相比，中国农业保险的公共财政补贴水平依然低下；中央财政对农业保险保费补贴的品种范围较为狭窄，补贴项目较为单一；“联动补贴”机制容易产生不公平现象（肖卫东等，2013）；同时，保险公司的道德风险也经常出现（施红，2008）。我国农业保险区域发展不平衡，保费补贴时间较长、保险覆盖率较高的地区，其政策性农业保险的发展水平较高（张伟等，2014）；尤晓静等（2022）利用熵权-TOPSIS方法构建政策性农业保险绩效评价体系，发现西部地区的政策性农业保险弱于东部、中部地区，这既有政策支持方面的原因，也有各地自身的原因（张祖荣、马岚，2016）。最终落实到赔付时，政策性农业保险也存在一定问题，在成灾面积赔付方面存在超比例赔付的问题，在农作物减产方面由于超比例赔付、交易成本高等问题，难以做到“应赔尽赔”（牛浩、陈盛伟，2022）；在具体赔付方面，易福金等（2022）发现农业保险保费补贴“包干制”模式会引起赔付水平与生产风险反向变动。

2.4 农业保险数字化发展相关研究

第一，互联网技术的应用为农业保险带来了新的发展机遇。政策性农业保险经过十几年的试点到全面推广，为农业生产提供了重要保障，但面临的问题仍然突出，张祖荣（2012）指出政策性农业保险在政府方面，财政补贴制度不健全，过度行政干预时有发生，法律、法规建设滞后；在农户方面，有效需求仍显不足，逆选择与道德风险问题严重；在保险公司方面，供给效率低下，经营管理严重失范。在农业保险推广上，杨雪美等（2013）发现政府提供保费补贴已不是农户购买农业保险的最主要动因，农户对农业保险形成正确的认知及保险公司能够提供符合农户风险规避需求的保险产品能够有效地提高农业保险的覆盖率。随着中国互联网的快速建设，农村互联网的普及将通过降低交易成本促进农业保险进一步发展（李泉，2020），同时互联网还将通过拓宽信息获取渠道、增强风险规避、提高保险重要性认知等路径，有效提升农户购买农业保险的意愿（乔丹等，2022）。“互联网＋”利用互联网为载体，打破时间与空间的限制，让互联网技术和政策性农业保险的各个环节紧密结合在一起，推动农业保险营销、售后服务、政府补贴政策等的有效落实（张全志、张永强，2022）。对于传统农业保险销售模式陈旧、服务体系不健全的问题，互联网与农业保险的融合将为农户提供定制化的农业保险服务，建立农业保险大数据平台，可以更加准确地评估受损状况（张鹏，2018），加快保险单签发与理赔速度（Graham K Rand、Graham Rand，2007）。“互联网＋”政策性农业保险模式的构建，符合当前农村消费者的消费模式，也迎合了保险公司多维度营销模式（黄凌等，2017）；“互联网＋”不仅推动了农业保险的开发和升级，还创新了农业保险的销售模式和核算理赔技术，最大程度地满足了市场的需求（谢知等，2021）。目前，关于“互联网＋”农业保险的模式研究大多还处于可行性分析阶段，未来随着互联网发展的不断深入，学者将更加关注“互联网＋”农业保险模式的实际效果。

第二，数字化发展有助于解决传统农业保险的市场痛点。传统农业保险市场存在供给不足、需求有限的市场失灵现象。一方面，虽然各地不断创新农业保险种类，但由于功能设计不到位、赔付率低的问题，实际上农业保险供给仍然显著不足（王小华等，2021），加之部分农业保险经营主体缺乏走基层的意识，导致新型农业保险服务在农村基层落实力度不足（郭梓盛，2022；唐金成、唐伟文，2022）；另一方面，由于养殖业、粮食产业等需求多种多样，农业保险目前尚无法满足新型农业经营主体的异质性要求，目前的农业保险财政补贴政策有待优化，经营模式有待创新，大灾风险分散制度有待完善，制度风险有待防范（何小伟、王京虹，2022；朱俊生，2022）。除此之外，农业保险在灾后实际赔付时，理赔率低、理赔程序烦琐，农业保险承保理赔档案不真实、不完整，保险公司缺乏契约精神导致错过理赔期限等违规行为也时有发生（许梦博等，2022）。因此，农业保险科技创新应从线上化、数字化、精准化、智慧化出发，构筑新型农业保险新形态（人保集团，2021）。第一，人工智能结合线上和线下服务，线上投保续保，自助报案，风险前沿防控，同时进行农业保险公司与农业数据所有者的生态合作，从而完善智能承保、生长监测、风险预警、损失估测等服务（彭琛，2022；胡芳、何逍遥，2022）。第二，以“3S”（RS、GIS、GPS）技术为基础，支撑建立种植险“一张图”管理模式，辅助开展客户信息采集、承保地块验标、理赔查勘校验等工作（孙思雨，2021），实现“按图承保”和“按图理赔”，有效解决传统农业保险中的信息不对称及效率低下等问题（郭清、何飞，2014；孙欣，2012）。第三，在畜牧业养殖方面，利用RFID电子标签，畜禽可穿戴设备与畜脸识别等人工智能技术识别保险标的身份（黄晓斌，2022），提高承保精确度，实现精准理赔（布和，2007）。可见，农业数字化技术的不断发展，有助于解决农业保险发展过程中的难点痛点。

2.5　农业生产者保险素养相关研究

第一，目前农业生产者保险素养水平较低。保险素养是金融素养的重要组成部分（Tennyson，2011），金融素养不仅是对金融知识的理解能力，还包括现实的实践能力，可通过实际操作的结果来评估金融素养的水平（PACFL，2008）。Lin（2019）认为保险素养高意味着：一是对要购买的保险产品有充分了解与掌握，二是能够精确理解所购买保险的风险层次，三是能够利用自身知识剖析保险产品，并做出与感知风险一致的保险决策。在衡量居民的保险素养方面，Driver（2008）提出，可以通过对保险产品的认知理解和对保险价值的感知以及对保险知识的实际掌握来衡量。刘国强（2018）则采用主成分法和影响因子分析方法构建公共影响因子体系，测算出我国目前金融素养平均分仅为

63.71 分，处于中间层次。乌云花等（2022）从金融知识、金融能力和金融态度三个方面测评了农牧民的金融素养水平，平均分仅为 66.5 分。向银芝（2022）实地调查发现农村居民保险素养普遍较低，表现为：一是保险知识储备不足，二是保险态度有待提高，三是保险技能普遍匮乏，四是保险行为不太合理。学习保险知识、改善保险态度、提升保险技能和优化保险行为是提升农村居民保险素养的迫切的现实需求。

第二，风险认知与资源禀赋是影响农业生产者保险素养的重要因素。王韵（2022）在对苹果种植户的调查中发现，风险认知水平会影响果农对苹果保险的了解程度，同时会影响果农的生产经营决策，进而影响果农的参保行为；晁娜娜等（2022）研究表明，金融保险知识显著正向影响粮食作物保险参与程度；金融能力对粮食作物保险参与决策呈正向影响；李艳（2021）发现保险素养中的保险知识、对保险公司印象、保险教育会显著推动农业生产者农业保险需求概率的进一步增加。在应对气候变化风险方面，郭沛等（2021）与胡新艳（2021）发现农业保险的认知、满意度和态度对新型农业经营主体投保意愿有显著影响。另外，有学者从资本禀赋方面来研究农业生产者的保险素养。一是人力资本禀赋水平的积累能拓宽农户视野，改变农户的认知，提高农户对新事物、新制度的接受能力，有利于促进农户的农业保险购买行为（田卓亚等，2021）。二是丰富的社会资本禀赋，有助于强化农户认知水平：一方面有利于农户接触农业保险费率、赔付金额等相关信息；另一方面有利于强化农户对农业保险转移、分散风险功能的认知，进而提高农户的农业保险购买行为（朱庆莹等，2019）。三是自然资本禀赋水平低的农户，耕地面积小，土地的碎片化程度高，他们往往通过多样化的种植降低风险，因此对农业保险的需求较低（刘立波，2013）；相反，自然资本禀赋水平越高，农户的收益状况越好，灾害发生时损失也越大，更加倾向于购买保险（刘可等，2019）。

第三，农业生产者保险素养是其金融行为的主要动因之一。张乐柱（2022）通过 CSQCA 模型定性分析发现，金融保险素养是产生保险需求的必要组态构成，金融保险素养对保险需求决策具有显著正向影响；Conrad Murendo、Kingstone Mutsonziwa（2017）研究发现，金融素养的水平对于储蓄及其风险投资的决策行为具有非常显著的正向影响。随着金融素养的提升，家庭更容易主动通过保险和储蓄行为实现资金的跨期优化配置（Alessie，2011），这种影响在农村和城镇家庭之间具有一致性（秦芳等，2016）。更高的金融素养会产生更为理性的金融行为（Gathergood、Disney，2011），农户金融素养提高可促进农户农业生产投资，同时金融素养可提升农户的经营能力从而改善其农业经营效率（韩科飞等，2021）；并且，较高的金融素养会提高行为主体对正规金融机构产生信贷行为的积极性（Disney、Gathergood，2013），较高的金融知识和金融能力水平，有助于家庭农场获取正规信贷资源，最终创造出更高的绩效（陈佑成，2021；刘祚祥、黄权国，2012）。

2.6　简要评述

前人已对农业保险的功能作用、中国农业保险市场发育现状、财政支持农业保险发展、科技赋能农业保险和农户保险素养等内容做出深入研究，结合中国的实际情况可将现有研究的贡献总结为如下五点：一是阐明农业保险对于中国农业发展与农户收入的现实意义；二是从农业保险市场发育角度对中国农业保险的现存问题及背后原因进行解释；三是逐步认识并重视财政支持在农业保险发展过程中的重要作用；四是农业保险的数字化发展能够切实解决农业保险过去的痛点与难点；五是农业生产者的保险素养较低，不利农业保险发展。

然而，随着乡村振兴战略的深入推进，基于中国高质量发展农业保险的政策诉求，现有研究存在一些不足，主要表现在如下四个方面：一是尽管现有研究已经认识到财政支持在农业保险中的重要作用，但鲜有文献对财政支持如何推进农业保险高质量发展的作用机理和实践经验进行总结；二是尽管已有研究提出财政支持农业保险存在待改进之处，但鲜有文献结合实地调研，从保险补贴的实际操作进行问题剖析和对策研究；三是关于数字化技术赋能农业保险的研究仍以理论分析为主，缺少现实案例与实证研究；四是有关农户政策性农业保险认知偏差和保险素养的实证分析还较少，使用大规模农户调查所进行的研究就更为少见，该领域仍然存在着不足与空白。

综上，本书基于广东省高质量发展农业保险的现实背景，从政府、保险机构、农业生产者的多主体维度，分别探讨财政支持对政府推动农业保险高质量发展的影响机理、技术创新赋能保险机构的农业保险供给侧高质量发展的作用机制、保险素养影响生产者农业保险需求侧高质量发展的路径，进而对现有研究形成有益补充。

第3章　广东省农业保险高质量发展的现状、机遇与挑战

3.1　广东省农业保险高质量发展的内涵与目标

为贯彻落实财政部、农业农村部、银保监会、林草局于2019年10月发布的《关于印发〈关于加快农业保险高质量发展的指导意见〉的通知》，2020年6月，广东省财政厅等部门联合印发《关于大力推动农业保险高质量发展的实施意见》，促进农业保险更好地发挥分散农业生产经营风险的积极效果，增强农业保险对推进现代农业发展、促进乡村产业振兴、保障粮食安全、深化农业供给侧结构性改革、保障农民收益等的作用。

3.1.1　广东省农业保险高质量发展的内涵

3.1.1.1　推动农业保险高质量发展

（1）提高农业保险服务能力。提高农业保险服务能力，从“扩面、提标、增品”三方面持续发力。一是扩大农业保险覆盖面，着力提高传统农产品、地方特色农产品、规模化水产养殖产品等保险覆盖面。二是提高农业保险保障水平，稳步提高重要农产品、主要经济作物的保障水平，逐步实现种养生产成本全覆盖，同时结合农业产业结构调整和生产成本变动，建立农业保险保障水平动态调整机制。三是推动优势特色农产品保险增品，支持各地开办地方特色险种，重点支持开办符合各地农业产业发展需要、具有岭南特色，与现代农业产业园、“一村一品、一镇一业”发展需求相适应的特色险种，丰富广东省农业保险品种体系。

（2）优化农业保险运行机制。一是明晰政府与市场边界，地方各级政府在农业保险中只提供辅助支持，不参与农业保险的具体经营，充分尊重保险机构的经营自主权。二是完善大灾风险分散机制，构建财政支持、多方参与、风险共担、多层分散的政策性农业保险大灾分散机制。三是完善承保机构遴选机

制，建立以服务能力为导向的保险机构招投标制度，要求省内承保机构应当符合《农业保险条例》规定及保险监管部门经营条件管理的要求。四是健全基层协保体系，按照“政府组建、多方出资、共享使用”的原则，加大村镇基层协保体系建设力度，完善农业保险基层服务网络。

（3）加强农业保险基础建设。一是优化提升保险服务。推进适应农业保险服务需要的基层服务体系建设，切实维护投保农户和农业生产经营组织利益。二是强化风险防范和监督管理，强化保险机构防范风险的主体责任，加大预防投入，健全风险防范和应急处置机制，实现防灾减损、行业指导和机构内控有机结合。三是加强农业保险信息共享，加大投入力度，不断提升农业保险信息化水平，建设全省农业保险数字化改革平台，建立信息共享机制。四是发挥农业保险防灾减损功能作用，将农业保险纳入农业灾害事故防范救助体系，发挥保险机制在灾前风险防御、事中风险控制、灾后理赔服务等方面的功能作用。

（4）做好组织实施工作。一是成立省农业保险工作小组，加强全省政策性农业保险统筹协调和督促指导，形成工作合力。二是优化财政补贴政策，积极争取中央特色农业保险奖补试点，同时加大财政投入力度，科学确定保费补贴和参保农户承担的保费水平，保障补贴资金足额落实到位。三是加强考核督办，将各地政策性农业保险的实施情况纳入推进乡村振兴战略实绩考核体系，建立定期督办工作制度，营造良好的市场环境。

3.1.1.2　支持农业农村高质量发展

（1）促进乡村产业振兴。一是增强风险保障能力。实现农业保险高质量发展，不断扩大险种覆盖面和农险承保覆盖率，为农户种植农作物、养殖畜禽水产品提供风险保障，提振农户种养投入的信心。同时，充分发挥保险机制在灾前风险防御、事中风险控制、灾后理赔服务等方面的功能作用，加强农业保险赔付资金与政府救灾资金的协同运用，降低农民因自然灾害带来的风险，使农业保险成为保障国家粮食安全和不发生规模性返贫两条底线的金融工具，成为乡村振兴的“稳定器”。二是拓宽农险服务领域。农业保险高质量发展的过程中除了提供风险保障功能，还要不断增强综合金融服务功能，稳步加强农业保险与农村信贷、农业补贴、灾害救助补偿等方面的政策融合。发挥引导作用，以农业保险作为支点，撬动更多金融、政策资源向农业倾斜，为金融资源提供进入乡村的渠道，成为乡村振兴的“传感器”。三是增强农险派生职能。通过农业保险防灾减损、住宅保护等派生职能，为投保农户提供专业帮助，在产业、生态、乡风、治理领域为乡村振兴带去更多的破解思路。为推进乡村产业发展、农村人居环境整治与基础设施建设提供助力，成为乡村振兴的“加速器”。

（2）推进现代农业发展。一是促进农业供给侧结构性改革。农业保险在实现高质量发展的过程中，除了要不断加大对农业经营成本、价格、收入方面的保障力度，保障农业产业链、供应链的稳定之外，还要加快提质增效，稳步提高对紧缺、优势特色、绿色优质农产品生产的保障水平，推动质量兴农、绿色兴农、品牌兴农，助推农业供给侧结构性改革。二是打开农业转型升级空间。深化改革创新，充分发挥广东金融支农联盟作用，探索推进“农业保险＋”与其他金融工具的组合，完善提升政府、银行、保险、担保、基金“五位一体”联动机制，建立健全适合广东省农业农村特点的农村普惠金融体系。同时，稳步加强农业保险在脱贫攻坚、灾害救助、生态保护补偿等方面的探索，助力农业生产打开转型升级空间。

3.1.2 广东省农业保险高质量发展的目标

到2022年，基本建成功能完善、运行规范、基础完备，与广东省农业农村现代化发展阶段相适应、与农户风险保障需求相契合的多层次农业保险体系。政策性农业保险基本覆盖全省种养业主要品种，收入保险成为广东省农业保险的重要险种，农业保险深度达到1.2%以上，农业保险密度达到500元/人。

到2030年，农业保险服务领域进一步拓宽，农业保险深度、密度达到全国领先水平，农业保险可持续发展，实现由灾后补偿向灾前预防升级、由保成本向保收入升级、由保生产环节向保全产业链升级、由保险保障向全金融服务升级，农业保险对现代农业发展支持力度显著提升，农业生产和农民生活得到有力保障。

3.2 广东省农业保险发展历史轨迹与现状描述

3.2.1 广东省农业保险发展的历史轨迹

自1985年广东农业保险恢复试办以来，广东省农业保险发展经历了三个重要阶段。20世纪80年代中期，广东保险界开始对农业保险业务进行探索，并在90年代初期业务规模得到较快发展。随后，由于农业保险的门槛提高以及市场需求的减少，保费规模不断收缩，广东农业保险进入业务调整期。到了

21世纪初，随着国家和广东省政策扶持力度加大，广东政策性农业保险种类不断增加，农业保险迎来了新发展阶段。

3.2.1.1　探索与发展阶段（1985—1993年）

1982年，中国人民保险公司复业后，农业保险也恢复办理。随着农业保险在国内的逐步发展，广东也开始进行农业保险业务的探索。1985—1989年，以中国人民保险公司（以下简称人保）直接展业、承保分散型业务的形式在广东省开展农业保险业务。但由于专业知识不成熟，以及相应的保险机构不健全，再加上农民保险意识极其薄弱，这5年期间年均保费收入仅有370万元，综合赔付率为93%，业务发展速度缓慢。

1990年，广东省财政厅与人保广东分公司签订《代办农业保险协议书》，约定广东省农业保险业务由人保广东分公司代省财政厅经营，保险公司只收取业务费用。该协议很大程度上解除了保险公司的后顾之忧，使得农业保险有更大的发展空间。在地方政府的财政支持下，农业保险保障农业稳定的作用逐渐体现。与此同时，在广东省政府有关部门的协调下，全省许多县（市）建立了农村统筹保险互助协会，丰富了农业保险的险种，扩大了农业保险的覆盖面。这一时期，广东省的农业保险得到了快速发展，保费收入从1990年的2 186万元增长到1993年的14 529万元，年均保费收入达到7 794万元。但保费收入的提高并不意味着保险业务能够盈利，因为农业生产很大程度上受自然条件影响，加上短时间内的快速扩张，很快暴露出了严重的问题，1993年省内暴发了重大灾害，农业受损严重，保险赔付率高达199%，保险公司亏损14 451万元。

3.2.1.2　调整与收缩阶段（1994—2006年）

受1993年风暴潮灾害影响，1993—1994年合计保险赔款高达46 624万元。面对高额的赔偿金和较高的道德风险，1994年广东省财政厅终止了代办协议，农业保险逐渐向商业化转变。但缺少了财政和再保险支持，面对农业保险的高风险和高赔付率的特点，保险公司开始逐步提高投保门槛和保险费率，这一举措严重打击了农民的投保热情，农业保险需求不断减少。1994—2003年，保费收入连续10年呈现负增长，保费规模不断缩减。2003年保费收入只有878万元，创1990年后的历史新低，后续虽有上升，但总体幅度不大，与20世纪90年代相比，农险保费收入处于较低水平。保费收入下降的主要原因在于投保率不稳定，投保率取决于当年的灾害严重程度。这样一来更多农民难以得到农业保险的保障，进一步影响农民的投保意愿，最终导致农业保险在整个广东省保险行业中所占比例极低。

3.2.1.3 新发展阶段（2007年至今）

2007年5月，广东省委召开工作会议，要求各级领导高度重视农业保险工作，11月由广东省财政厅、农业厅等部门联合印发的《广东省政策性能繁母猪保险实施方案（试行）》拉开了广东省政策性农业保险试点工作的序幕。此后，广东省政策性农业保险种类不断增加，2009年省内开展政策性水稻保险试点，2012年开展政策性森林保险试点，2015年进一步加大对政策性农业保险的扶持力度，提高水稻种植保险的财政补贴力度，并新增岭南水果、家禽等保险品种补贴。截至2021年，广东自主开办近200个特色农业保险险种，农业保险已覆盖水稻、蔬菜、水果、水产养殖、森林等主要领域，水稻、生猪、林木、肉鸡等事关粮食安全和国计民生的重要农产品保险保额居全国前列，承保覆盖率均达到80%以上，为全省农业农村发展提供了较为全面的保障。保费规模也在不断扩大，2007—2021年保费收入年均增幅为41.34%，2021年保费收入达47.77亿元（图3-1）。

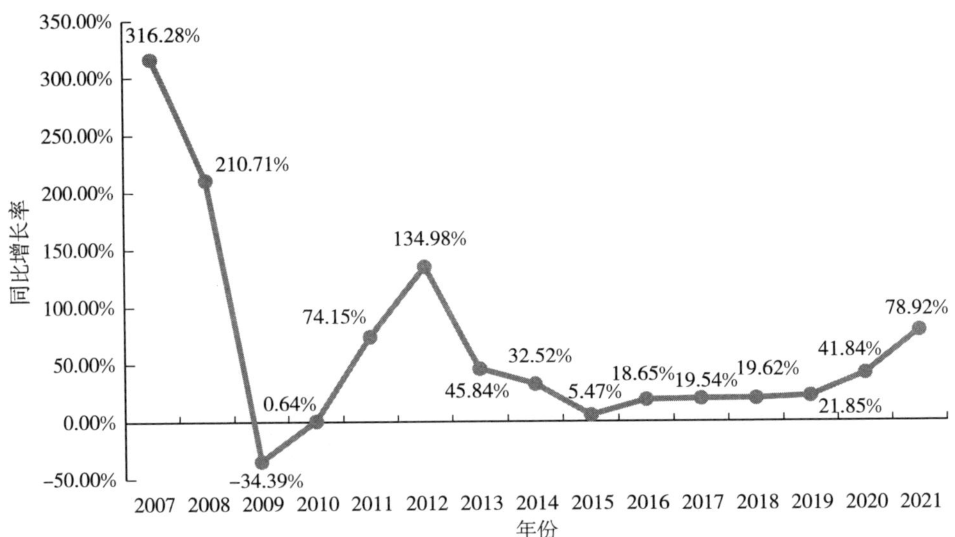

图3-1　2007—2021年广东省农业保险保费收入同比增长率

3.2.2 广东省农业保险发展的现状描述

3.2.2.1 整体规模不断扩大

广东省农业保险规模不断扩大。自2007年广东省政府对农业保险开展财政补贴以后，农业保险市场规模不断扩张，农业保险保费收入呈指数型增长。2007 年广东省农业保险保费收入仅有 0.532 亿元，到了 2021 年广东省农业保险保费收入增长到 47.77 亿元，与 2020 年相比增长了 78.92%，为投保农户提供风险保障达 2 032 亿元，增速为 100.14%，这两项指标的增速均位居全国第一。此外，2021 年，广东省农业保险参保户数达 1 800 万户次，其中 238 万户次获得 38.74 亿元农业保险赔偿，收益农户和保险赔偿费用同比增长 385.7%和 176.25%。可见，广东省农业保险高质量发展态势良好，支农惠农成效凸显，服务“三农”的能力水平有显著提升（图 3－2）。

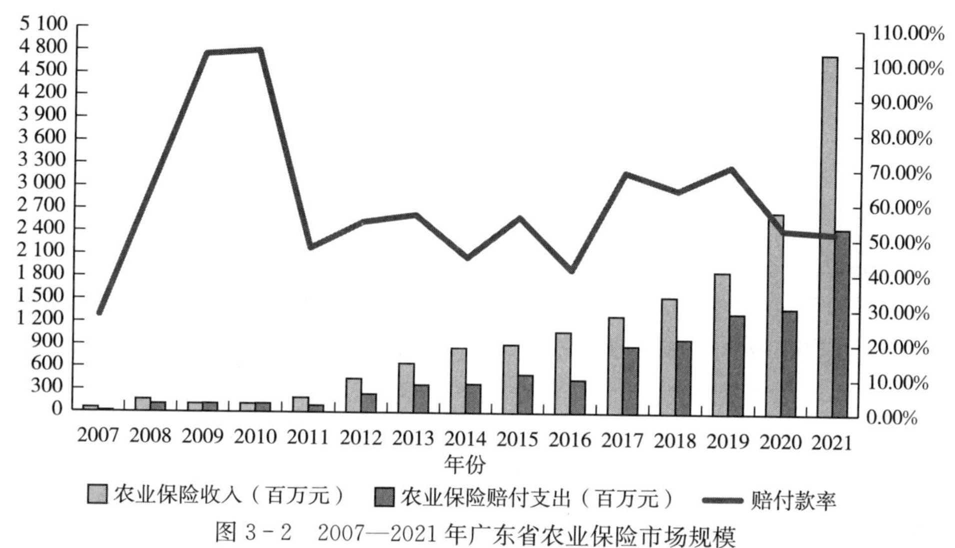

图 3－2　2007—2021 年广东省农业保险市场规模

广东农业保险深度和保险密度不断提升。保险深度和保险密度是衡量保险市场发展程度和潜力的指标，数据显示，2007 年广东全省农业保险深度为 0.03%，保险密度仅为 3.41 元/人，2020 年以前这两项指标的增长速度都较为缓慢。但在《实施意见》发布之后，广东农业保险实现了高速且高质量发展，同时带动了这两项指标的增长。2021 年，广东农业保险深度上升至 0.97%，连续两年增速居全国第一，农业保险密度则达到 634.39 元/人，与 2019 年同比增长 338.65%，农业保险深度和保险密度达到全国领先水平。可见，广东农业保险密度和深度呈现不断上升的趋势（图 3－3）。

3.2.2.2　险种品类日益丰富

2009 年广东根据“水稻种植大省”地方特色率先推出水稻种植保险，随后 2012 年在湛江、惠州、韶关等市推出蔬菜种植保险，2013 年全省试行马铃

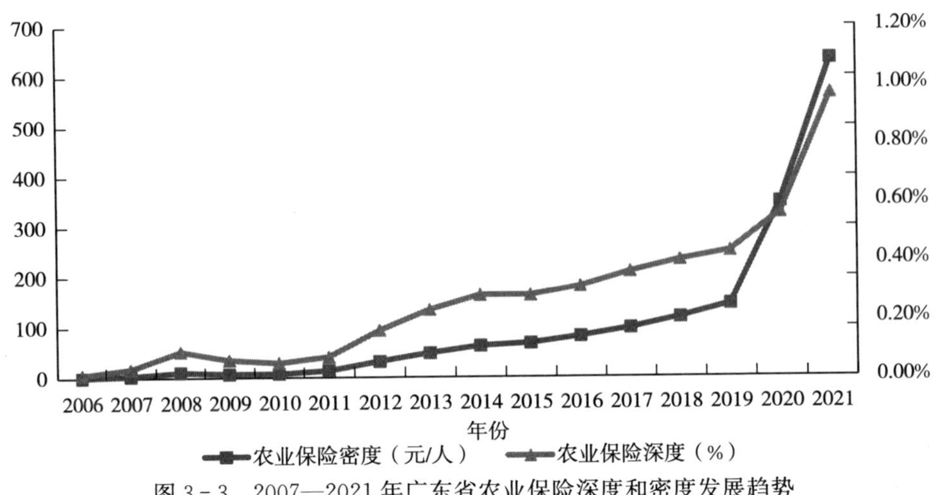

图 3-3　2007—2021 年广东省农业保险深度和密度发展趋势

薯、玉米、花生、甘蔗和奶牛保险，2015 年全省试行家禽、生猪、岭南特色水果（荔枝、龙眼、香蕉、木瓜）保险。2020 年以来，在各地农业农村部门的积极推动下，农业保险品种进一步丰富。截至 2021 年 9 月底，广东省内已新增落地超百个农业保险创新产品，新备案地方特色险种产品超 200 个，涵盖价格保险、完全成本保险、收入保险、指数保险、“保险＋期货”等创新领域，基本覆盖省内特色农业生产主要品种。目前，广东省已形成“1＋1＋8”的制度体系和“12＋8＋3＋*N*”的险种体系，包括 12 个中央财政补贴型险种、8 大类省级财政补贴型险种、3 个涉农险种、*N* 个地方特色险种，有效发挥了农业保险支持岭南农业的作用。

3.2.2.3　区域发展不均衡

从 2020 年广东省 20 市（不含深圳）农业保险发展情况可以看出，各市的农业保险保费收入差异较大。广州、湛江、茂名、阳江、梅州、清远 6 市的保费收入较高，平均保险密度达 286.5 元/人，这 6 个市的农业资源丰富、政府补贴力度大，为农业保险发展大力创造空间。江门、肇庆、云浮、韶关、河源 5 个地市的农业保险保费收入则处于第二梯队，保费收入在 1 200 万～1 700 万元。另外，佛山、中山、东莞、潮州、揭阳等地区农业保险发展较为落后，农业保险的深度和密度都远低于其他地市。一般而言，当地城镇化水平的高低影响农险保费收入，例如佛山、东莞、珠海这类第二、三产业较为发达的地市，第一产业占比相对较小，因而农业保险保费相应较少。揭阳、汕头、潮州等粤东地区的第二、三产业发展程度一般，但其农业保险却大大落后粤西、粤北地区的地市，一定程度上能反映出广东省农业保险存在区域发展不均衡与不充分问题（表 3-1）。

表 3-1　2020 年广东省 20 市农业保险发展概况

城市	农业保险收入（万元）	农业保险深度	农业保险密度（元/人）	中央财政补贴（万元）	省级财政补贴（万元）	市县级财政补贴（万元）
广州	19 552.7	0.7%	320.4	6 302.8	3.6	8 143.2
佛山	1 543.0	0.1%	75.1	164.5	3.8	149.9
东莞	254.9	0.1%	45.8	33.4	0.0	153.4
中山	629.9	0.1%	61.1	91.0	0.0	312.6
珠海	1 209.8	0.2%	214.2	91.7	0.0	679.9
江门	16 287.5	0.6%	217.1	4 109.6	3 709.6	4 675.5
肇庆	11 725.9	0.3%	113.5	3 752.6	3 080.7	2 430.8
惠州	8 368.1	0.4%	185.1	2 256.5	2 850.3	2 562.7
汕头	2 053.5	0.2%	33.1	615.8	650.4	362.8
潮州	906.9	0.1%	23.7	128.7	332.3	234.6
揭阳	2 876.1	0.1%	39.6	1 232.9	641.6	717.5
汕尾	4 128.6	0.3%	81.3	1 403.0	1 161.3	719.3
湛江	48 952.0	0.8%	258.2	21 246.4	10 393.1	6 392.9
茂名	42 453.6	0.7%	312.3	9 635.0	14 780.6	8 876.1
阳江	17 514.0	0.7%	370.9	5 581.0	4 121.2	2 434.8
云浮	12 378.7	0.6%	184.3	2 046.0	4 880.8	2 221.2
韶关	12 904.7	0.7%	267.0	4 514.3	3 454.7	2 117.3
清远	18 821.9	0.6%	200.3	6 467.5	4 954.2	2 985.5
梅州	19 849.0	0.8%	257.3	6 058.1	6 067.2	3 622.4
河源	12 746.8	0.9%	177.8	4 689.3	3 424.5	2 042.5

注：农业保险深度=农业保险收入/（地区第一产业产值×100）；
农业保险密度=农业保险收入/农林牧渔业就业人数。

3.3　农业保险发展的省际比较与省内区域差异分析

3.3.1　不同省份农业保险发展的省际比较

本书提及的农业保险主要指的是政策性农业保险，对我国农险发展进行区域比较有助于厘清全国农业保险发展概况及广东省农业保险发展特点。根据1986年“七五”计划中公布的东、中、西部三个地区划分标准，将最早实行沿海开放政策且经济发展水平较高的广东、江苏、山东等11个省（直辖市）划分为东部地区，又因2000年西部大开发优惠政策范围的调整，将内蒙古、广西也并至四川、陕西、新疆等12个省（自治区）确定为经济欠发达的西部地区，将剩下的河南、湖南、黑龙江等8个省（自治区）划分为经济次发达的中部地区。本书也将按照上述分类标准对东、中、西部不同省份进行比较。

3.3.1.1 农业保险险种的选择

省际农业保险发展水平受自然条件差异的影响，不同地区的自然条件会导致农产品类别和优势农业资源分布差异较大，从而影响不同地区农业保险的险种选择。适用保费补贴的险种包括中央政策性和省级财政部门牵头的省级政策性农业保险，根据政策及农业种类，可将我国农业险种主要分为养殖业保险、种植业保险和森林保险。其中，中央政策性险种的种植业包括水稻、油菜、花生、棉花等；养殖业包括能繁母猪、育肥猪、奶牛等；森林包括公益林、商品林。考虑到森林保险的选择受自然条件的差异影响较小，大部分试点地区和单位均实行统一的保险费率或单位保费，故不做地区比较。以下将分别从东、中、西部各地区的农业分布情况、种植和养殖险种选择进行省际比较。

（1）东部地区经济发达省（直辖市）的险种选择以种植业、特色种植业和水产养殖业保险为主。该地区的自然地理特征是西靠大陆、东临海洋，水产品资源丰富，东部沿海省份多开展水产、家禽保险。东部地区气候主要以季风气候为主，夏季高温多雨，冬季温和少雨，土地肥沃，灌溉便利，有天然的农业生产优势，种植业保险的需求空间大。2020年GDP前三的省份广东、江苏和山东，其普遍存在的问题是保险深度滞后，均不足1%，反映了农户农险参保率较低。另外，北京、上海、天津等城市经济发达而农业经济地位较低，同时都处于平原地区，农业生产条件较好，但粮食作物播种面积小，产值较低，农业发展特色表现为园艺、水产等非粮食作物产业方面，重点发展城市需求的特色农业险种以及保障水平相对较高的收入保险。

（2）中部地区的险种选择以种植业保险为主。位于我国中部地区的湖南省在2007年率先拉开了政策性农业保险试点的序幕，该省当年的水稻参保播种面积达4 271万亩①，占全省的67%，棉花参保种植面积为193万亩，占全省的

① 亩为非法定计量单位，1亩=1/15公顷。

80%。中部地区的吉林省是全国重要粮食生产省份，农安、公主岭、梨树、榆树等地区是主要粮食生产基地，在2012年种植业保险覆盖率就达70%以上，在以水稻、小麦、玉米为代表的粮食生产功能区，加大了保费补贴力度支持完全成本保险、收入保险等高保障型种植业保险的试点和推广工作。2021年正式印发的《财政部、农业农村部、银保监会关于扩大三大粮食作物完全成本保险和种植收入保险实施范围的通知》，将实施范围覆盖至中部地区的河南、湖北、安徽、吉林、黑龙江、湖南、江西，以及内蒙古、辽宁、山东、河北、江苏、四川共13个粮食主产省份，进一步推动了中部地区种植业保险（尤其是粮食类作物保险）的快速发展。

（3）西部地区的险种选择以养殖业保险为主，包括特色农业青稞、牦牛、藏系羊保险和禽畜保险，种植业保险为辅。我国农业分布具有“东耕西牧”的特点，西部地域辽阔，地势高且地形复杂，多为盆地、高原和沙漠，而且昼夜温差大，限制了种植业及种植业保险的发展，代表省份有新疆、内蒙古、宁夏、甘肃等。因此，西部地区多开展畜禽保险，对保障养殖户收入水平，促进当地畜牧业发展起到积极作用。比如：四川省作为西部地区的农业大省、人口大省以及生猪大省，自农业保险试点以来，四川省农险覆盖范围越来越广泛，基本涵盖了所有乡镇，保险品种不断拓展，中央财政补贴品种较为齐全，对大宗农畜产品基本做到了全覆盖，2020年的牧业产值3 613.8亿元，居全国第一，畜牧业总体而言较为发达，带动发展了更多特色养殖业保险。

3.3.1.2　财政补贴执行的差异

政策性农业保险有较强的政策依赖性，特别是对财政补贴的依赖，因此不断更新与完善的中央财政支持力度，将大大助力于农业保险的高质量发展。自2007年以来，《中央财政农业保险保费补贴管理办法》（下文简称《管理办法》）经过多次修改，正式发文的有两版，分别是2016年的财金123号文及2022年的财金130号文。前者是为了总结2007—2016年农业保险工作经验，解决发展问题以及提高财政补贴资金使用效益而制定的；后者则是总结2016年以来的新发展和新经验，在高质量发展农业保险的新背景下，吸收与结合其他相关文件的规定与意见，极大完善财政支持农业保险的相关制度。

（1）2016年版的《管理办法》。由于农村的地域性特点，我国不同地区农村经济发展水平存在较大差异，对于政策性农业保险的规模及补贴力度不尽相同。2016年版《管理办法》亟待化解的难题是在政策性农业保险补贴“多少”和“怎么”补贴两方面，许多地理位置、自然条件相差大的省份补贴比例相同，与同一地区内各省份的整体财政收支差异化程度高形成突出矛盾。在

2021年各省级财政收支占比中，经济发展水平最高的广东省，省本级一般公共预算收入占地方一般公共预算收入的比重和省本级一般公共预算支出占地方一般公共预算支出的比重之差为16个百分点，显示出广东省级政府的财政水平较为强势。GDP在东部地区靠后的农业大省辽宁，其省本级一般公共预算收入占地方一般公共预算收入的比重仅为3%，而省本级一般公共预算支出占地方一般公共预算支出的比重高达23%，农业保险保费补贴没有根据经济水平、社会条件和财政实力对各个地区进行划分，由此造成省级财政收入与财政补贴支出的不匹配，导致保费补贴成为地方财政的负担，甚至某些地区的农险补贴难以及时到位，限制了农业保险的发展和作用的发挥（表3-2）。

表3-2　2016年政策性农业保险补贴规则

	东部地区		中西部地区	
	中央财政补贴	省级财政补贴	中央财政补贴	省级财政补贴
种植业	35%	≥25%	40%	≥25%
养殖业	40%	≥30%	50%	≥30%
森林	公益林		商品林	
	50%	≥40%	30%	≥25%

注：对大兴安岭林业集团公司的公益林和商品林，中央财政分别补贴90%和55%。资料来源于各省政策性农业保险文件整理。

（2）2022年版《管理办法》。2022年版《管理办法》明确提出“财政支持、分级负责、预算约束、政策协同、绩效导向、惠及农户”六大原则，同时对于省际保费补贴过于“一刀切”的问题进行了两点可行性调整。一是对中西部地区增加中央配套补贴资金5%。众所周知，中部与西部地区的财政状况不佳，部分地县级政府较难按照要求进行农业保费配套补贴，此项修改很好地保证了中西部地区的产粮大县在重要农产品方面的稳产保供。二是对省内灵活配置补贴资源。2016年版《管理办法》的补贴规则中，简单将农险保费补贴区域划分为“东部地区”和“中西部地区”，由表3-2可以看出，在种植险领域，两大地区的中央财政保费补贴比例仅相差5%，对于在中西部地区的农业大省政策支持效率并不显著。2022年版《管理办法》提出省级财政按照25%的补贴比例，中央财政补贴对东部地区种植业承担35%、对西部地区承担45%，以此作为基准执行。当省级补贴提升，相应的中央补贴也会按比例提升。比如：省级财政补贴达到26%，超过标准比例1%，那么中央财政就会相应增加补贴，具体计算公式如下：

中西部地区：(45%+a%×1.8) =45%+1%×1.8=46.8%

东部地区：(35%+a%×1.4) =35%+1%×1.4=36.4%

3.3.1.3 农业保险深度与密度

表3-3为31个省（自治区、直辖市）的GDP、保险深度、保险密度以及农业依赖（第一产值占GDP比重）的具体情况。

表3-3　2020年31个省（自治区、直辖市）GDP及农业保险相关发展概况

	省份	GDP（亿元）	保险深度	保险密度（元/人）	农业依赖
东部地区	广东	110 760.94	0.56%	349.01	4.31%
	江苏	102 718.98	0.98%	661.05	4.42%
	山东	73 129.00	0.82%	321.17	7.33%
	浙江	64 613.34	0.69%	718.33	3.36%
	福建	43 903.89	0.27%	226.13	6.22%
	上海	38 700.58	7.95%	3 049.67	0.27%
	河北	36 206.89	1.27%	606.49	10.72%
	北京	36 102.55	9.23%	3 548.79	0.30%
	辽宁	25 114.96	1.58%	570.59	9.10%
	天津	14 083.73	2.90%	1 692.56	1.49%
	海南	5 532.39	1.02%	677.97	20.53%
中部地区	河南	54 997.07	1.04%	456.84	9.73%
	湖北	43 443.46	0.53%	245.75	9.51%
	湖南	41 781.49	1.06%	538.21	10.15%
	安徽	38 680.63	1.05%	409.08	8.23%
	江西	25 691.50	0.92%	453.47	8.73%
	山西	17 651.93	1.64%	366.10	5.36%
	黑龙江	13 698.50	1.49%	951.59	25.10%
	吉林	12 311.32	1.73%	570.63	12.61%
西部地区	四川	48 598.76	0.60%	217.37	11.43%
	陕西	26 181.86	0.79%	284.32	8.66%
	重庆	25 002.79	0.39%	184.32	7.21%
	云南	24 521.90	0.49%	144.15	14.68%
	广西	22 156.69	0.71%	290.54	16.05%
	贵州	17 826.56	0.66%	263.37	14.25%
	内蒙古	17 359.82	2.17%	992.02	11.67%
	新疆	13 797.58	3.97%	1 710.78	14.36%
	甘肃	9 016.70	1.60%	320.35	13.29%
	宁夏	3 920.55	2.48%	1 008.07	8.62%
	青海	3 005.92	2.82%	1 325.96	11.12%
	西藏	1 902.74	5.67%	1 236.94	7.92%

（1）经济差距及产业构成。各地区的 GDP 最能反映其经济发展水平的差异，而第一产业产值占 GDP 的比重则可用来反映地区经济对农业的依赖程度。东部地区农业依赖均值为 6%，中部地区 11.2%，西部地区 11.6%，可见中部与西部地区经济发展对农业的依赖性较强，政府加大其财政补贴倾斜力度是合理的。

（2）保险密度和保险深度。在保险深度不足 1%且保险密度不足 500 元/人的省份中，东部地区有广东、山东、福建 3 个，中部地区有 2 个，而西部地区有 6 个，这些省份的农业保险在地区经济中的地位有待提升，投入力度应进一步增强，农业保险的推广力度、覆盖程度存在较大的进步空间。

3.3.2 广东省内农业保险发展的区域差异

农业保险的发展不仅在全国范围内存在东部与中西部的偏好与程度差异，同时在广东省内部各地市也存在实施效果不平衡的现象。根据学者已有的研究，衡量农业保险发展成效指标主要有农业保险深度、农业保险密度等，本章数据来源于广东省财政厅、保险公司内部和《2021 广东统计年鉴》。

（1）珠三角地区农业保险相对滞后，但增速增幅表现最好（表 3-4）。

表 3-4　2020 年广东省各地市农业保险补贴与 2018—2020 年农业保险发展概况

城市	保险深度			保险密度（元/人）			中央财政补贴（万元）	省级财政补贴（万元）	市县级财政补贴（万元）
	2018 年	2019 年	2020 年	2018 年	2019 年	2020 年			
广州	0.45%	0.52%	0.7%	167.55	211.01	320.4	6 302.8	3.6	8 143.2
佛山	0.02%	0.02%	0.1%	15.17	15.86	75.1	164.5	3.8	149.9
东莞	0.05%	0.07%	0.1%	22.99	34.50	45.8	33.4	0.0	153.4
中山	0.05%	0.07%	0.1%	31.96	47.35	61.1	91.0	0.0	312.6
珠海	0.27%	0.07%	0.2%	232.43	62.48	214.2	91.7	0.0	679.9
江门	0.40%	0.40%	0.6%	103.69	131.24	217.1	4 109.6	3 709.6	4 675.5
肇庆	0.19%	0.28%	0.3%	62.96	102.46	113.5	3 752.6	3 080.7	2 430.8
惠州	0.30%	0.28%	0.4%	114.08	124.01	185.1	2 256.5	2 850.3	2 562.7
汕头	0.12%	0.14%	0.2%	21.55	27.59	33.1	615.8	650.4	362.8
潮州	0.09%	0.09%	0.1%	18.34	22.24	23.7	128.7	332.3	234.6
揭阳	0.09%	0.09%	0.1%	19.67	22.43	39.6	1 232.9	641.6	717.5
汕尾	0.20%	0.17%	0.3%	51.81	52.87	81.3	1 403.0	1 161.3	719.3
湛江	0.56%	0.48%	0.8%	153.34	146.35	258.2	21 246.4	10 393.1	6 392.9

（续）

城市	保险深度			保险密度（元/人）			中央财政补贴（万元）	省级财政补贴（万元）	市县级财政补贴（万元）
	2018 年	2019 年	2020 年	2018 年	2019 年	2020 年			
茂名	0.54%	0.58%	0.7%	197.56	248.45	312.3	9 635.0	14 780.6	8 876.1
阳江	0.40%	0.76%	0.7%	193.32	413.81	370.9	5 581.0	4 121.2	2 434.8
云浮	0.52%	0.58%	0.6%	116.70	147.06	184.3	2 046.0	4 880.8	2 221.2
韶关	0.66%	0.66%	0.7%	176.24	196.12	267.0	4 514.3	3 454.7	2 117.3
清远	0.59%	0.62%	0.6%	141.77	173.59	200.3	6 467.5	4 954.2	2 985.5
梅州	0.57%	0.64%	0.8%	143.01	180.85	257.3	6 058.1	6 067.2	3 622.4
河源	0.72%	1.02%	0.9%	110.51	177.62	177.8	4 689.3	3 424.5	2 042.5

注：本表统计不含深圳；因 2020 年部分地市的第一产业就业人数数据缺失，保险密度公式中的第一产业就业人数采用农林牧渔业从业人数替代。

农业保险深度是一地区农业保险保费与该地区第一产业产值之比，衡量了农业保险在该地区整体国民经济中的地位，从侧面反映了社会对农业保险的投入程度。农业保险密度是一个地区农业保险收入与农林牧渔业就业人数之比，衡量农业保险的覆盖面，即农业保险的渗透和推广情况。尽管珠三角 8 市中，佛山、东莞、中山、珠海等 4 个城市因为第二、三产业的高速发展而表现出农业保险密度和农业保险深度相对滞后的状态，但是从近 3 年变化趋势与增幅来看，珠三角 8 市普遍呈现出高速增长的势头。比如：佛山市 2020 年的农业保险密度和深度是 2018 年的 5 倍左右。

（2）粤东地区的农业保险最为落后，且补贴与产值不匹配。从表 3－4 可知，粤东 4 市（汕头、潮州、揭阳、汕尾）近 3 年的农业保险密度和保险深度都处于全省较低位置。进一步分析地区情况发现，2020 年粤东地区农业保险密度和农业保险深度均远低于省内其他区域（表 3－5）。由此可见，粤东地区的农业保险在地区经济中的地位有待提升，投入力度应进一步增强，农业保险的推广力度、覆盖程度存在较大的进步空间。

表 3－5　广东省各经济区域农业保险密度、深度情况

地区	农业保险深度	农业保险密度（元/人）
珠三角	0.39%	182.39
粤东	0.17%	44.52
粤西	0.70%	275.74
粤北	0.73%	220.94

另外，从表 3-6 中可以看出，珠三角、粤西、粤北地区的市县级、省级财政补贴比例与其第一产业产值所占比例基本一致，但粤东地区存在显著的不匹配现象。具体而言，粤东地区第一产业产值占全省第一产业产值比例 12.51%，而该地区的农业保险地方财政、省级财政支持分别仅为 3.50% 和 4.46%。

表 3-6　不同地区第一产业产值与农业保险财政补贴状况

地区	地区第一产业产值占全省第一产业产值比例	市县级补贴占全省市县级补贴比例	省级补贴占全省省级补贴比例
珠三角	32.56%	31.04%	15.29%
粤东	12.51%	3.50%	4.46%
粤西	36.41%	40.81%	50.18%
粤北	18.51%	24.65%	30.07%

(3) 不同地区的财政支持差异较大，粤西整体效果最明显。从表 3-7 可以看出，粤西地区无论是农业保险的市县级财政补贴，还是省级财政补贴均处于全省首位，且粤西地区的财政支持总额达到了其他三个地区总和的约 87%。但同时，从表 3-4 可以看出，粤西 4 市的农业保险密度和深度也均处于全省前列，表明农业保险财政支持的投入力度与农业保险的实施效果成正比。

表 3-7　广东省各地区农业保险财政投入情况

地区	市县级财政支持（万元）	省级财政支持（万元）	市县级+省级累计财政支持（万元）
珠三角	19 108.01	9 647.98	28 755.99
粤东	2 034.15	2 785.62	4 819.77
粤西	19 924.90	34 175.59	54 100.49
粤北	10 767.63	17 900.56	28 668.19

(4) 粤北山区是广东农业主生产区，保险密度有提升空间。粤北地区地形地貌条件较差，山地偏多，农业生产风险大，农业保险具有一定的发展空间。从表 3-4 可知，近 3 年在各级财政的大力支持下，粤北地区的保险密度和保险深度都有一定程度的提升。但是，受限于市县财政的配套压力，农业保险密度仍未达到粤西地区的高度。因此，粤北地区须进一步调整优化财政补贴结

构，减缓市县财政配套压力，提升省级财政支持力度，以推动粤北地区农业保险高质量发展。

3.4　广东省农业保险高质量发展的机遇与挑战

3.4.1　面临的机遇

广东农业保险高质量发展的落脚点是服务于乡村全面振兴，以及构建具有“岭南特色”的现代农业产业体系，在传统农业向现代农业转型过程中，广东农业保险的机遇包括以下三方面。

3.4.1.1　科学系统的制度建设和政策保障

制度建设对农业保险高质量发展起到了根本性作用。目前，广东省已形成“1＋1＋8”的制度体系和“12＋8＋3＋N”的险种体系，包括12个中央财政补贴型险种、8大类省级财政补贴型险种、3个涉农险种、N个地方特色险种。科学的制度体系让农业保险发展有章可循，成为农业保险发展的“稳定器”。

在政策保障方面，一是广东开创性地将各地政策性农业保险的实施情况纳入省委实施乡村振兴战略实绩考核。自2019年开始，明确农业保险工作由财政部门统一牵头落实，而不是多部门各自推动，同时设立高规格的领导小组，即由三位省领导直接担任正副组长。有了考核抓手，财政支持成为广东农业保险高质量发展的“助推器”。二是由于经济欠发达城市往往是财政弱市，广东的破题思路是把省级对地市的资金支持“因地制宜”地分为三类。珠三角地区自筹资金，非珠三角地区根据具体情况分两种比例进行补贴，财政落后地区则得到更高的补贴比例。

3.4.1.2　蓬勃创新的现代农业发展

新型农业经营主体驱动农业保险发展。在农村劳动力转移、农业机械化程度和生产效率不断提高的现代农业高速发展背景下，农业经营适度规模化、机械化和信息化趋势明显，以种植为主的新型农业经营主体普遍进行规模化生产，往往在农业生产经营上投入巨资，而过高的农业风险一直是新型农业经营主体亟待解决的难题，广大农户尤其是新型农业经营主体对农业风险的保障需求日益强烈。

现代农业新业态发展为农业保险产品创新提供新契机。广东提出实施现代农业保险创新保护机制，搭建鼓励创新、保护创新的特色险种发展平台。要求保险公司坚持以需求为导向，加快需求调研和产品研发。近年来，广东省内赴农村投资兴业的企业明显增多，“互联网+”农业、休闲农业、农村电商等新业态发展势头良好，为广东省的特色农产品保险创新提供了新的发展契机。

3.4.1.3 迭代升级的新技术应用

技术创新已成为当今农业保险发展的主题之一。农险科技，特别是“3S”技术的应用近年来受到广泛关注，保险经营机构大幅增加了这方面的投资，以人保财险公司为例，积极推动“3S”、云计算、移动互联等技术在农业保险上的应用，每年都在迭代升级应用技术系统，还积极构建了一套全新的数字化综合平台，这是农业保险发展的技术方向和潮流。新时代的信息化技术发展也有助于农业保险产品的升级改造，进行科学的技术评测，及时发现保险产品存在的问题，并根据大数据与市场用户的反馈提出具体解决对策。

3.4.2 面临的挑战

尽管现如今广东省农业保险高质量发展获得了新的进展与机遇，但仍然存在以下三个突出的问题与挑战。

3.4.2.1 补贴政策机制不够完善，各地农险深度和密度发展不均衡

农业保险补贴政策没有充分考虑各地区农业产业的重要程度和政府财力的差异，一些农业大县农业产值大，所需保费补贴资金量大，而县财政力量薄弱，导致政府保费负担较重，从而对广东省政策性农业保险的发展产生不利影响。经济较为发达的珠三角地区的农业保险发展反而滞后于经济较为落后的粤西、粤北地区，表明各地市经济发展水平和农业发展水平极不均衡。

3.4.2.2 农业保险经营机构存在明显垄断现象

虽然政策性农业保险财政补贴金额逐年增长，各地政府也积极倡导高质量发展现代农业，要扩展适应新形势的农业保险创新险种，但是，对于保险产品的提供方——保险公司而言，相关配套制度不完善，农业保险合同制度缺乏，农业保险经营准入制度和退出机制上也有所欠缺，导致广东的农业保险市场出现垄断现象。2020年，我国开办农业保险业务的保险机构共有36家，人保财险在广东农业保险市场的份额高达62.16%，中华财险、阳光农险分别占比12.33%和9.68%，其余9家保险机构的农业保险市场份额仅占总额的15.8%。

3.4.2.3 农业保险供求失衡，普通农户对农业保险的获得感有待提高

长期以来农业保险以“低保额、低保费、广覆盖”为原则，只承保农作物

“物化成本”的损失，但随着人工、机械、化肥、农药等农业生产成本的不断上升，保险公司提供的农业保险产品的保障水平越来越不足以覆盖农作物的物化成本。农业保险过低的保障水平和高额的农业生产成本不匹配，高保障水平的农业保险产品供给短缺。现阶段，单一的“物化成本”为主的保险产品无法满足农户对多样化农业风险的保障需求，目标价格保险、区域产量保险、天气指数保险、巨灾风险等多样化的农业保险产品还比较短缺。保险公司服务意识和水平不高，缺乏创新能力，条款专业性强，农户不能准确认知保险的保障及免除责任，加之传统的查勘定损技术难以满足大规模灾害下对定损及时性和精确性的要求，当农业损失属于免责范围的情况发生时，农户对保险公司的“坏印象”会逐渐加深，认为是故意不予理赔，且投保和理赔成本高、手续烦琐、理赔效率低。此外，由于农作物种植成本相对高，多数农业保险只保种子、化肥等物化成本，尚未覆盖人工成本，导致小规模种植农户收入较低。农业保险保障水平偏低，农民实际损失和灾后获得的赔款相差大，这将会抑制农户的投保积极性，导致农户对农业保险的获得感低。

第二部分　政策支持与农业保险市场发育

第二部分为本书的三大核心研究内容之一，是完成本研究须关注的第一个核心问题：以政策性农业保险为核心的农业保险市场如何发育成长。对于该问题的研究，本书主要从农业保险的主体之一——政府的角度展开分析，即探讨政策支持与财政补贴对农业保险市场发育的影响机理。该部分的撰写目的主要有三点：一是向读者说明政策支持农业保险高质量发展的原因，以及广东省政策支持农业保险的现状特点；二是从理论上向读者解释政策支持为什么能够推动农业保险市场发育与高质量发展；三是利用广东省的数据，从全省整体发展与不同地市发展差异2个维度论证政策支持对农业保险高质量发展的影响作用。本部分具体包括4章，核心内容为：第一，政策支持广东农业保险的现状；第二，政策支持促进农业保险高质量发展的内在机理；第三，政策支持对广东农业保险高质量发展的整体效应；第四，政策支持影响广东农业保险高质量发展的地区差异。

第4章为政策支持广东省农业保险高质量发展的现状，旨在向读者说明广东省农业保险在政策、财政方面的发展现状。首先，从历史角度总结广东省农业保险政策支持的发展历程；其次，对广东省农业保险政策支持的现状特点进行总结；最后，分析当前广东省农业保险政策支持方面的不足与问题。

第5章为政策支持农业保险高质量发展的内在机理，是本部分关注话题的理论解释，为后文实证分析形成支撑。首先，从本质上揭示农业保险的基本特征与政策诉求；其次，梳理政策性农业保险的基本理论，形成本部分内容的理论基础；最后，构建分析框架，从理论层面解释政策支持农业保险的内在机理。

第6章为政策支持对广东省农业保险发展的整体效应：VAR模型，是本部分关注话题的实证分析。本章主要运用2009—2020年间广东省农业保险的各项数据构建VAR模型实证检验各级农业保险财政补贴、保险产业发展和农民收入三者之间的关系，证明财政支持有助于农业保险高质量发展。为更加深入地实证检验地方农业保险财政补贴和保险产业发展之间的相关关系，本章通过调整模型变量进一步构建了第二部分的两个VAR模型，分别是深度模型和密度模型。模型分析结果显示，第二部分的深度模型和密度模型在响应值的更多期数上对农业保险发展两项指标有更显著的正向影响。

第7章为政策支持对农业保险发展的地区差异影响：DEA模型，是本部分关注话题在实证层面的深化研究。本章基于广东省20市（不含深圳）的截面数据（2020年），利用DEA模型对各地农业保险在财政补贴下的投入产出进行效率评价，以期探索不同地市政策支持农业保险高质量发展的差异性效果，进而提出有针对性的政策建议。

第 4 章　财政支持广东省农业保险高质量发展的现状

4.1　广东省农业保险发展的政策支持历程

4.1.1　起步探索阶段（1985—1993 年）

1985 年，广东省开始尝试推行农业保险业务，由中国人民保险公司独家经营。1985—1989 年，国内农业保险业务普遍呈现保费收入高、赔付率高、亏损率高“三高”特点，效益和效果均不尽人意。到 1989 年底，广东省农业保险 5 年综合赔付率达到 93%，且曾在 1986 年一年间亏损高达 248 万元，总体盈利效果较差，农业保险业务难以为继。

1990 年，广东省财政厅与中国人保广东分公司签订《代办农业保险协议书》，由保险公司负责代办农业保险业务，仅收取相应的业务费用，不负赔偿责任，将赔付资金压力由保险公司转嫁到政府。上述代办协议使得广东省农业保险发展迅猛，1990—1993 年保费收入逐年增长，四年保费共计达到 31 175 万元。由于 1993 年广东遭遇重大自然灾害，导致当年综合赔付率达到 199%，亏损达 15 373 万元，给省政府财政带来巨大压力。

4.1.2　调整过渡阶段（1994—2006 年）

1994 年，广东省财政厅终止了上述代办协议，广东保险业务进入商业化运营模式。在该时期，农业保险由于存在保费较高、农民接受度低等阶段性问题，成为当时商业性保险机构的亏损业务，导致市场出清速度加快，农业保险市场结构调整剧烈，农业保险收入占比呈下降趋势。

2004 年中央 1 号文件指出，“加快建立政策性农业保险制度，选择部分产品和部分地区率先试点，有条件的地方可对参加种养业保险的农户给予一定的保费补贴。”在文件推动下，中国保监会先后在黑龙江、吉林、上海等省份开展政策性农业保险试点工作，国内政策性保险持续萎缩的局面开始变化。

2006 年，国务院发布《关于保险业改革发展的若干意见》，要求各部门明确政策性农业保险的业务范围，给予相关政策支持，促进我国农业保险的发展，并且要改变单一、事后财政补助的农业灾害救助模式，逐步建立政策性农业保险与财政补助相结合的农业风险防范与救助机制。还要求探索中央和地方财政对农户投保给予补贴的方式、品种和比例，对保险公司经营的政策性农业保险适当给予经营管理费补贴，逐步建立农业保险发展的长效机制。最后还对农业巨灾风险转移分担机制的完善和农业再保险体系的发展提出要求，为各省农业保险的发展指明了方向。

4.1.3 持续发力阶段（2007—2017 年）

2007 年，财政部印发《能繁母猪保险保费补贴管理暂行办法》，要求包括广东在内的东部地区九省份由地方财政部门和养猪户共同承担能繁母猪保险业务保费。同年，广东省财政厅、农业厅等部门联合印发《广东省政策性能繁母猪保险实施方案（试行）》，拉开了广东省政策性农业保险试点工作的序幕。从此，广东政策性农业保险开始高速发展，各类农险险种不断推出。

2008 年，财政部印发《中央财政种植业保险保费补贴管理办法》《中央财政养殖业保险保费补贴管理办法》，进一步发力推动我国政策性农业保险发展。随后，广东省政府召集多部门组成联合机构协同推进政策性农业保险，确定在广州、佛山、中山、阳江、湛江、茂名、肇庆、云浮、惠州 9 市开展政策性农业保险试点。其中，佛山市于 2008 年底下发《开展政策性农业保险试点工作的意见》（以下简称《意见》），推出水稻和生猪两个保险品种进行全市试点，且各区可根据当地农业特色、发展优势和抗风险需要，在试点目录中自行选择不超过 3 个险种开展试点，《意见》同时要求财政保费补贴以属地负担为主、市财政适当定额补助，总体补贴比例不低于 50%。此外，珠海市由 2008 年 6 月统筹安排 450 万元资金试点香蕉、奶牛政策性农业保险，省内各地市逐渐开始各类政策性农业保险创新险种试点。

2009 年，广东省委农办、省财政厅等 4 部门联合下发《广东省政策性水稻种植保险试点工作实施方案》，在 10 个试点地市开展政策性水稻保险试点。2010 年，全省农业保险承保水稻面积近 4 万公顷，提供风险保障超 2 亿元。

2012 年 3 月，广东省政府办公厅正式印发《广东省政策性森林保险试点工作方案》并启动试点工作，在韶关、河源、梅州、湛江、肇庆和清远 6 个地级市和部分省属林场先行开展为期 1 年的政策性森林保险试点工作，广东省农业保险试点工作全面铺开。

2015 年，广东省进一步加大对政策性农业保险的扶持力度，提高水稻种植保险的财政补贴力度，并新增岭南水果、家禽等保险品种补贴。到 2015 年底，广东省内政策性涉农保险品种达到 18 个，基本实现农林牧渔业政策性保险品种全覆盖。

4.1.4　规范提升阶段（2018 年至今）

2018 年 9 月，广东省财政厅等 5 部门联合印发《2018—2020 年广东省政策性农业保险承保理赔操作规范》《2018—2020 年广东省政策性农业保险赔付标准》，对全省农业保险承保理赔工作提出了统一规范性要求，推动建立标准化的业务流程及操作规范制度体系，以提升服务能力及水平，防范道德风险，促进广东农业保险持续健康发展，广东省政策性保险开始进入规范化发展阶段。

2019 年，财政部等部门印发《关于加快农业保险高质量发展的指导意见》，提出了我国政府引导、市场运作、自主自愿、协同推进的农业保险发展基本原则，明确了我国农业保险总体发展要在 2030 年基本达到国际先进水平的目标，力争实现补贴有效率、产业有保障、农民得实惠、机构可持续的多赢发展格局。2020 年 6 月，广东对财政部的指导意见进行细化，提出了相应的实施意见，由省财政厅等 5 部门印发《关于大力推动农业保险高质量发展的实施意见》，提出了广东省农业保险高质量发展的目标，即 2022 年基本建成功能完善、运行规范、基础完备，与广东省农业农村现代化发展阶段相适应、与农户风险保障需求相契合的多层次农业保险体系。政策性农业保险基本覆盖全省种养业主要品种，收入保险成为广东省农业保险的重要险种，农业保险深度（保费/第一产业增加值）达到 1.2%以上，农业保险密度（保费/农业从业人口）达到 500 元/人，并计划本省农险发展水平在 2030 年达到国际先进水平。

目前，广东省农业保险政策支持的力度持续加大，承保理赔操作日益规范，风险保障体系不断完善，“扩面、增品、提标”效应显著增强。广东省正作为排头兵在农业保险高质量发展的道路上稳步前进（表 4-1）。

表 4-1　2007 年以来广东省农业保险主要相关政策文件

时间	政策法规
2007	省财政厅、广东保监局、省农业厅《关于印发〈广东省政策性能繁母猪保险实施方案（试行）的紧急通知〉》
2009	省委农办、省财政厅、省农业厅、广东保监局《广东省政策性水稻种植保险试点工作实施方案》
2012	省政府《关于大力推广政策性涉农保险的意见》
2012	省林业厅《关于广东省政策性森林保险试点工作方案的通知》
2013	省农业厅、省财政厅、广东保监局《关于印发广东省政策性水稻种植保险实施方案的通知》
2015	省农业厅、财政厅、广东保监局《关于下放政策性水稻种植保险承保机构招标权的通知》
2016	省农业厅、财政厅、广东保监局《关于印发广东省政策性岭南特色水果种植保险试点实施方案的通知》
2018	省农业厅、省财政厅、省金融办、广东保监局、省气象局印发《2018—2020 年广东省政策性农业保险承保理赔操作规范》《2018—2020 年广东省政策性农业保险赔付标准》
2020	省财政厅、省农业农村厅、省地方金融监管局、广东银保监局、省林业局《关于大力推动农业保险高质量发展的实施意见的通知》
2022	省财政厅、省农业农村厅、广东银保监局、省林业局《广东省农业保险保费财政补贴资金管理办法》

4.2　广东省农业保险政策支持的现状特点

4.2.1　规章制度体系不断完善，各级政府共同发力

2004 年中央 1 号文件提出："加快建立政策性农业保险制度，选择部分产品和部分地区率先试点，有条件的地方可对参加种养业保险的农户给予一定的保费补贴。"在此政策推动下，中国保监会先后在黑龙江、上海、吉林等 9 省份开展政策性农业保险的试点工作，同时在政策性农业保险的探索中积极推进财政补贴试点。在此后十余年的农业保险发展中，中央先后针对农业保险保费补贴管理、风险准备金管理、承保机构遴选等多方面工作颁布了相关政策，不断对农业保险规章制度体系进行完善，为我国农业保险发展道路指明方向。

在多年的农业保险发展实践中，广东省始终紧跟中央步伐，立足广东实际，适时更新农业保险政策，农业保险规章制度体系不断得到完善。省农业

厅、财政厅等部门于 2018 年联合发布《2018—2020 年广东省政策性农业保险赔付标准》，对农业保险承保、理赔、督查等重要环节提出了详尽的规范细则，广东农业保险标准化业务流程及操作规范制度体系开始建立。2020 年，广东省财政厅等部门联合印发《关于大力推动农业保险高质量发展的实施意见》，要求完善以政策性农业保险为基础的农业保险保障体系，构筑多层次的农业保险风险分散机制，以更好地满足“三农”领域日益增长的风险保障需求。同时提出了提高农险服务能力、优化农险运行机制、加强农险基础建设等多方面举措，形成“1＋1＋8”的制度体系和“12＋8＋3＋N”的险种体系，广东农业保险规章制度体系得到进一步完善。

在中央和省级政府的指导下，地市一级的农业保险规章制度体系也在不断完善。在实践中，各地普遍依据上级政策要求，及时颁布相应地方性法规或规章，为当地农业保险的落实提出具体的规范细则，确保农业保险有效落地，增强财政补贴的效果。如清远市在 2018 年紧跟省委省政府的步伐，印发《2018—2020 年清远市政策性农业保险实施方案的通知》，详细明确了清远市政策性农业保险的补贴险种、保险金额、保费承担比例、承保机构管理等重要内容，为清远市农险财政补贴的落实打下了坚实的政策基础。总体而言，在中央、省、市等多级政府的协同作用下，广东省农业保险规章制度体系得以持续完善。

4.2.2　财政补贴范围不断扩大，品种结构日趋合理

随着我国政策性农业保险制度的完善，国家在慎重确定保费补贴险种的同时，逐步加大了财政补贴力度。中央财政对农业保险的补贴从棉粮油作物保险开始，补贴种类逐渐扩展到养殖业保险、政策性森林保险、特色农产品保险、设施农业保险等险种。其中，《中央财政农业保险保险费补贴管理办法》规定的补贴已包含种植业、养殖业、森林等 19 个种类，补贴比例和金额不断增加。

2021 年，广东省将“大力推动农业保险扩面、增品、提标”纳入当年省“十大民生实事”，将其作为省政府的年度重点工作加以推进。到 2021 年底，广东省农业保险扩面、增品、提标工作取得显著成效。首先，在农业保险覆盖面的扩大上，发力推广区域试点险种，实现森林保险、水产养殖保险全省覆盖，并且将省内种植的所有水果品种 100％纳入岭南水果保险保障范围，对广东省水果种植保障广度大幅提升。其次，在农业保险品种的增加上，提高省内主要优势特色农产品保险覆盖率。最后，在保险金额标准的提高上，水稻保险金

额由 800 元/亩提高至 1 000 元/亩，能繁母猪由 1 000 元/头提高至 1 500 元/头，育肥猪由 800 元/头提高至 1 400 元/头，森林由 500 元/亩提高至 1 200 元/亩。由此可见，广东省农业保险扩面、增品、提标工作持续推进，财政补贴范围不断扩大，品种结构日趋合理。

广东省农业保险险种变化如表 4－2 所示。

表 4－2 广东省政策性农业保险险种发展历程

年份	险种变化	地区
2007	新增能繁母猪保险	全省
2009	新增水稻种植保险	珠三角及粤西 10 个地级以上市
2012	新增森林保险	韶关、清远、肇庆、河源、梅州、佛山 6 个地级以上市
2012	新增蔬菜种植保险	湛江、惠州、韶关
2013	新增马铃薯、玉米、花生、甘蔗和奶牛保险	全省
2015	新增家禽、生猪、岭南特色水果（荔枝、龙眼、香蕉、木瓜）保险	全省
2018	新增水稻（制种）、柑橘柚橙、农业设施（大棚）保险	全省
2020	将广东种植的所有水果品种全部纳入岭南水果保险补贴品种	全省
2020	花卉苗木、茶叶种植保险纳入省级补贴范围	全省
2020	淡水养殖水产品、海水网箱养殖水产品保险纳入省级补贴范围	全省

4.2.3 财政支持力度逐年增大，补贴规模不断提升

按照财政部 2016 年印发的《中央财政农业保险保险费补贴管理办法》，中央财政区分东部地区和中西部地区进行差异化保费补贴。从总体上看，我国中央和省、市、县等各级地方财政为农业保险提供的保费补贴比例在世界上已处于较高水平，达到 80%左右，即投保农户仅需缴纳约 20%的保费，缴费压力得以缓解。2007—2020 年，随着各地政府对农业保险重视程度的不断提升，我国各级财政对农业保险的保费补贴规模也持续增长，从 2007 年的 21.5 亿元增长到 2020 年的 603.6 亿元。

2007 年广东省政策性农业保险制度实施以来，各级财政农业保险保费补贴力度逐步加大，农业风险保障能力不断提升。根据《广东省农业保险高质量发展险种实施目录》（2020—2022 年），中央财政补贴型种植险有水稻、水稻制种、玉米、花生、马铃薯、甘蔗 6 个，养殖险有能繁母猪、生猪（含肥猪、仔猪）和奶牛 4 个，以及公益林、商品林 2 个森林保险，其余险种由省、市、县三级财政进行补贴。2008—2019 年，全省各级财政资金投入 69.97 亿元，为广东农户提供 4 211 亿元风险保障，财政资金放大效果达 60 倍，其中省级财政资金放大效果近 200 倍，农业保险赔款是省级财政补贴资金投入的 2.56 倍，通过省级资金撬动中央及市、县补贴支农效应显著。如图 4－1 所示，2009—2020 年广东省农业保险保费收入、农业保险赔付支出持续增加，保险密度、深度均得到提升，财政支持力度逐年增大，补贴规模不断扩大。

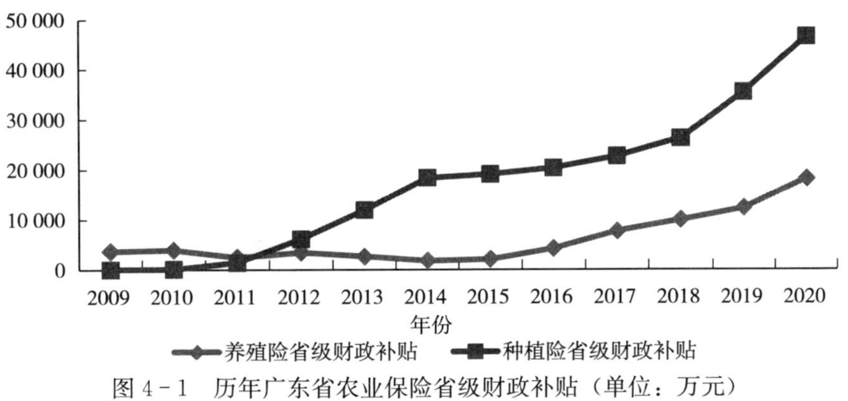

图 4－1　历年广东省农业保险省级财政补贴（单位：万元）

4.3　广东省农业保险财政支持的现存问题

4.3.1　补贴存异，县市配套要求与财政实力不相匹配

农业保险保费补贴是我国政策性农业保险发展的重要推动力，也是政府引导和发展农业保险的主要手段。从全国范围来看，地方政府财力有限、财政补贴缺乏可持续性，是长期阻碍地市农业保险进一步普及的主要因素之一。《中国农业保险市场需求调查报告》显示，仅有 12%的县级政府能够承担 20%以上的保费补贴，而有六成左右的县级政府只能够承担 10%以下的保费补贴比例。现行的政策性农业保险保费补贴办法规定，地方政府负担的财政补贴需先行到位，中央财政再按照相关规定落实相关补贴资金，导致欠发达市、县地区

承受较大的财政压力。

近年来，我国农业保险险种不断增加，纳入中央、地方各级财政补贴的险种也不断增加，各级政府财政负担不断增加，特别是部分欠发达地区的财政补贴难以完全落实，快速增长的保费补贴金额与有限的地方财政收入之间的矛盾成为制约部分欠发达市、县农业保险发展的重要因素。

目前，广东省农业保险补贴政策采取“中央和地方财政共同补贴大头、农户支付小头”的保费分担模式，尽管各地市分两类区域享受政府补贴政策差异，但农业保险补贴政策仍没有充分考虑各地区农业产业的重要程度和政府财力的差异，也没有针对各地区经济条件实行差异化政策，一些农业大县农业产值大，所需保费补贴资金量大，但是县级财政力量却相对薄弱。随着农业保险业务品种增多、覆盖率增加，地方财政在农业保险补贴方面的配套压力也越来越大，给省内（主要集中在粤东西北等地区）较落后地区政府带来了较重的财政负担，不利于充分发挥农业保险的作用，严重制约农业保险的进一步推广，对广东省政策性农业保险的发展产生了不利影响。并且，随着配套压力的增大，粤东西北越来越多的经济欠发达地区无法按照要求进行保费补贴配套，也造成当前省级、中央财政在保费补贴方面常年结余的状况。

4.3.2 监管缺位，补贴及时性和专用性仍然有待提升

我国农业保险财政支持的实施，由财政部、农业农村部、国家发展和改革委员会、税务等部门按照各自职能分别负责农业保险的财政补贴、政策支持、税费减免等工作，缺乏专职的农业保险管理部门。而美国、日本、法国等发达国家均建有全国性的专门机构，负责政策性保险业务的管理、新保险产品的研究开发、费率厘定、财政补贴核算等工作。由于我国农业保险数据统计滞后，监管部门和行业协会皆无法提供长周期的保险赔付数据对保险产品进行定价，致使政策性农业保险的费率厘定大多由承保机构自行承担。费率厘定不规范，直接导致我国政策性农业保险出现产品创新力不足和费率合理性低等问题。

农业保险公司往往更倾向于选择业务流程简单、保险费率较高的险种进行承保，以提高盈利效率。对于一些风险较大或品种价值较高的险种，由于经营风险较大，一方面可能会过分提高保险费率，另一方面可能缩减对这部分险种的承保，不利于农业保险的推广普及和险种创新。此外，因农业保险监管机构对财政补贴的管控程度较低，且农业保险政策支持的实施环节多、流程长，加之农业生产具有较强的季节性，导致地方财政补贴资金到位率低、资金到位滞

后等问题多发。

广东省财政厅要求，各地级以上市和财政省直管县（市）每年年初按要求报送书面材料，省财政厅与省有关部门按照因素法将保费补贴资金切块安排给各地，并将安排情况告知承保的有关保险经办机构；同时，下放结算和拨付权限，保费补贴资金不再由省统一结算拨付，按照各地级以上市和财政省直管县（市）根据中央和省规定的补贴标准，统筹安排使用保费补贴资金，按季直接与保险经办机构进行保费结算和拨付。但在实施中，一方面，保费补贴资金并非专项资金下达，而是列于涉农财政资金中，容易产生个别市、县因为大力发展其他农业领域而占用保险补贴资金的情况；另一方面，由于保费补贴资金，尤其是中央和省级的补贴资金，都属于国家财政，其拨付将一定程度上受限于财政资金的预算、拨付、结算等烦琐流程，因此经常出现资金实际拨付时间延后的现象。综之，广东省农业保险补贴资金到位仍存在一定程度的滞后现象，及时性和专用性有待提升。

4.3.3　激励不足，地方发展农业保险缺乏奖惩的机制

从现行法律来看，税法规定免征种养两业农业保险的营业税。以营业税为计征依据的城市维护建设税和教育费附加也因营业税免征而免征，同时对农业保险合同免征印花税，一定程度上起到激励承保机构的作用。然而，政策性农业保险的发展更依赖市、县政府的重视与财政支持，但目前却缺乏地方发展农业保险的奖惩机制，难以对地方发展农业保险提供激励，市、县发展农业保险乏力。

就广东省而言，也尚未建立起完善的农业保险奖惩机制和征信制度，地方发展农业保险的积极性未能有效激发。尽管广东省已将农业保险发展的相关指标列入当前乡村振兴战略考评体系中，但所占比例偏低，并且对各市、县的激励作用仍然较低。市、县层面并未出台相应的财政奖补政策，农业保险发展较好的市、县未能形成奖励、农业保险发展不足的市、县也没有得到相应的惩处，奖补机制的缺失不利于调动各市、县发展农业保险的积极性。

4.3.4　立法滞后，政策性农业保险发展缺乏法律支撑

目前，农业保险相关法律制度的缺失是我国政策性农业保险发展的主要障碍之一。其主要体现在两方面。

一是政策性农业保险专项立法滞后。通过研究美国、日本、法国等发达国

家的有效做法发现，政策性农业保险的运行体系均有明确的法律制度作为依据，并且相关法律的修订与市场发展相适应。例如，美国的《联邦农作物保险法》在未被《农作物保险改革法》替代之前，在41年的有效期间进行了高达12次修订，修订频度达3.42年/次，对农作物保险实践的相关约束具有明显的时效性。《中华人民共和国农业法》2002年修订版中首次涉及政策性农业保险相关内容，提出了“国家逐步建立和完善政策性农业保险制度”的目标，至今21年未对农业保险做出新规定。而2016年修订的《农业保险条例》（以下简称《条例》）则仅仅提出了健全政策性农业保险制度的方向性要求，未对政策性保险概念、方式、责任、义务等内容进行规定。此外，2007年保监会起草了《政策性农业保险条例（草案）》，但该草案至今尚未正式颁布实施，政策性农业保险的相关法律法规制定较为滞后。

二是我国政策性农业保险定性与国际惯例存在差异。从国外经验来看，政策性农业保险一般具有强制性和诱导性特征，但我国政策性农业保险属于农业保险的范畴，必须遵循自主自愿的原则，主要依托政府补贴和税收优惠等行政支持手段推动。《条例》中“任何单位和个人不得利用行政权力、职务或者职业便利以及其他方式强迫、限制农民或者农业生产经营组织参加农业保险”的描述，减弱了将政策性农业保险的推动与金融服务和社会保障服务等相结合的可能。

4.3.5 保障缺失，巨灾风险分担和再保险机制不健全

2008年以来，中央1号文件多次明确提出建立健全“农业巨灾风险转移分担机制”“财政支持的巨灾风险分散机制”“农业再保险制度体系”的相关要求，但在2016年修订的《农业保险条例》中对农业保险的再保险制度未有明确规定，也未对设立国家层面的农业再保险机构做出规定，仅简要规定保险公司要有稳健的农业再保险和大灾风险安排，建立巨灾风险分担和再保险机制的政策支持力度仍有欠缺。

近年来，我国的农业巨灾风险分散机制主要包括三个方面：一是中国农业再保险共同体（以下简称农共体）的再保险业务；二是农业保险经营机构计提的农业保险大灾风险准备金；三是各级政府成立的农业巨灾风险准备基金。在农业巨灾风险分散机制实践方面，农共体作为我国农业再保险的专项机制和农业保险大灾风险分散体系的重要组成部分，自成立以来，有效维持了农业再保险承保条件的稳定性，整体风险保障水平提升10%～15%、赔付率提高超过

10%。累计承担农业再保险风险责任1.07万亿元，支付赔款及手续费约296亿元，为农业再保险的发展提供了有效支持，为我国建立财政支持的多方参与、风险共担、多层分散的农业保险大灾风险分散机制奠定了基础。然而在2015—2019年，由于组织架构缺陷、制度支持不足等原因，农共体连年亏损，综合赔付率比直保公司高出10多个百分点，5年累计亏损超过23亿元，预期发展情况不容乐观。因此，2020年中国农业再保险股份有限公司（以下简称中国农再）应运而生，承担起农业保险大灾风险分散机制的基础和核心职能。然而，部分省份建立的农业巨灾风险准备金等在分担巨灾等农业风险方面的作用仍然有限。目前国外在巨灾风险分担方面建有完备的制度和机制，在发生自然灾害后能够通过再保险、巨灾风险分担机制、全国性巨灾风险基金、政府财政支持等方式及时化解巨灾风险。我国目前尚未建立起直保、再保、大灾基金和财政兜底等多层次风险分担机制，亦缺乏全国性的巨灾保险制度，存在巨灾保险产品供给短缺、规模小，巨灾风险转移方式单一等问题，巨灾风险分担体系仍需进一步完善。

广东省地处沿海，自然灾害频发，农业巨灾风险较大，经常发生严重的风灾、洪灾等灾害，农业损失严重，巨灾出现时保险公司较难支付全额赔款。目前广东省实行的是赔付率上限封顶的做法，当出现巨灾时，保险公司无法全额赔付保户的损失，导致部分地区农民和政府对农业保险有抵触情绪，不利于今后的保险宣传和推广。广东省未建立起完善的政府财政支持农业巨灾风险基金，在农业巨灾分散机制建设方面存在滞后问题，农业巨灾风险无法得到有效分散，同时也没有形成再保险分担机制，严重制约着保险公司的经营稳定，危及农户的根本利益。农业巨灾风险问题成为广东省政策性农业保险可持续发展的主要障碍之一。

第5章 政策支持农业保险高质量发展的内在机理

5.1 农业保险内涵与基本特性

5.1.1 农业保险的主要内涵

农业保险是专为农业生产者在从事种植业、林业、畜牧业和渔业生产过程中，因遭受自然灾害、意外事故疫病、疾病等保险事故所造成的经济损失提供保险金赔偿的一种保险活动。农业保险有狭义、广义之分，狭义的农业保险是仅涵盖种植业、养殖业保险的传统保险业务，广义的农业保险指农村保险，包含传统的种植业、养殖业保险和农村地区的其他商业性保险。

农业保险根据其性质可以分为商业性农业保险和政策性农业保险。我国在2003年10月的中国共产党第十六届中央委员会第三次全体会议上通过了《中共中央关于完善社会主义市场经济体制若干问题的决定》，该决定明确提出“探索建立政策性农业保险制度”。政策性农业保险是政府为了解决农业保险“市场失灵”问题、实现农业保险市场良性发展、支持农业而做出的制度化安排。一般而言，政策性农业保险与商业性农业保险的区别表现在以下几个方面：一是经营主体不同，政策性农业保险的经营主体一般为政府主导或者合作经营的政策性保险公司，而商业性农业保险由商业性保险公司负责经营；二是经营目标不同，政策性农业保险以保障农业生产、促进农业可持续发展为目标，其目标具有一定的政策性，而商业农业保险则追求更高的盈利水平；三是经营范围不同，政策性农业保险由政府推动开展，经营的范围往往比商业性农业保险更大，覆盖的种类多，但往往具有损失概率大、赔付率高的特点。

5.1.2 农业保险的基本特性

第一，风险关联性。自然灾害是农业生产过程中面临的主要风险。一般来说，自然灾害的波及面广，常常造成大范围的损失。我国是世界上自然灾害最为严重的国家之一，近十年以来每年我国农业因地震、冰雪、霜冻、旱灾、水灾和风暴等自然灾害受灾面积占耕种面积30%左右，造成的经济损失占到农业产值的4%左右。农业生产风险之大，风险之频繁使得农业保险较难盈利，让许多保险公司望而却步。

第二，信息不对称。信息不对称一般会导致逆向选择和道德风险。农业保险中的逆向选择主要体现为预期损失较高的农民更倾向于购买农业保险，以期把高风险转嫁给保险公司，而预期损失较低的农户则不愿意投保。道德风险指的是投保人在购买了农业保险后更容易做出使不利事件发生概率提升的行为。保险公司难以完全掌握投保户的信息，信息不对称给农业保险公司带来了更高的管理成本及赔付率，影响了商业保险公司承保农业保险业务的积极性。

第三，公共品属性。农业保险作为一种特殊的经济补偿和共济制度，其属性属于准公共物品，农户对它的了解和认识需要一个过程。一方面，我国市场经济和市场体制仍在健全发展中，保险宣传力度不够；另一方面，农民由于自身意识的约束和收入水平的限制，对购买农业保险既心有疑虑、又力不从心，限制了农业保险的需求。与此同时，农业风险大的客观现实使得农业保险项目不得不收取一定的保险费率，高保费又进一步导致更多的农民买不起保险。这就如公共产品一般，农业生产的风险来自多个方面，农民负担不起农业保险费用，财政支持便成为推动该市场发展必不可少的核心力量。

5.2　政策性农业保险基本理论

5.2.1　农业保险的外部性与准公共物品理论

一直以来，学界都倾向于将农业保险作为准公共产品进行讨论。在经济学上，我们把市场体系中的物品分为四类，包括私人物品、公共物品、自然垄断物品和共有资源。其中，具有排他性又有竞争性的是私人物品，既没有排他性也没有竞争性的是公共物品，而准公共物品是介于私人物品和公共物品之间的一种物品，且更多地趋近于公共物品，其具有非排他性和非竞争性。农业保险之所以被广泛认定为准公共物品，其一是因为农业保险虽然只有当消费者购买农业保险后才可以享受保险带来的风险转移，在消费环节具有明显的排他性，但在其整个消费过程中即保险经营的一定环节上并不具有排他性。例如，防灾防损是农业保险经营的重要环节，是减少风险损失、降低保险经营成本的主要措施，但在实施防灾防损措施时，不买保险的农业生产者常常可以搭“便车”；其二是农业保险带来的比如促进农业资源的合理分配、促进粮食增质增量、分散风险等社会效益往往是大于个人效益的，表现出了一定的公益性、非竞争性。

5.2.2 农业保险“供需双冷”与市场失灵理论

西方经济学中将市场失灵定义为市场不能或者难以有效率地配置经济资源，在农业保险的发展历程中不难看出，缺少政府的干预，农业保险市场往往会陷入“供给不足、需求有限”的境地，即农业保险市场失灵。关于农业保险市场失灵的一般原因为更大的系统性风险、信息不对称、双重正外部性。

5.2.2.1 更大的系统性风险

农业保险的最大作用是帮助农业生产者分散风险。一般我们将市场风险分为系统性风险和非系统性风险，两者的区别在于是否可以通过资产组合分散市场风险。文献表明，利用统计模拟模型计算得出农业保险人所面临的系统风险是一般保险人的10倍左右。过高的系统风险阻碍了保险基本职能的发挥，农业保险人为了应对系统性风险需要保持充分的储备金，这使得农业保险的成本提高。

5.2.2.2 信息不对称

前文提到，信息不对称的结果在农业保险市场往往表现为逆向选择和道德风险。这两者都对保险公司实现农业保险业务良性运转、积极经营农业保险造成负面影响。

5.2.2.3 双重正外部性

相比一般的商业保险业务，农业保险的特殊性表现在其标的物是农业。农业作为一国之基本，保障农业安全发展、确保粮食安全是我国的基本国策。农业保险为农业发展实现风险分散，帮助农业实现良性发展，其不仅能够帮助投保人，对于社会和谐稳定更有着非比寻常的作用，因此，农业保险是一种具有正向性的准公共产品。其正向外部性可从“消费”和“供给”两个角度来阐释。

第一，“消费”的正外部性与“需求不足”。根据外部性理论，农业保险“消费”的正外部性，表现在消费者购买了农业保险后，消费者的边际个人收益小于边际社会收益，而边际个人成本大于边际社会成本。如图5-1所示，消费者购买农业保险的边际个人收益为 MPR，社会从中获得的边际社会收益为 MSR，$MSR>MPR$。消费者购买农业保险的边际个人成本为 MPC，社会所付出的边际社会成本为 MSC，$MSC<MPC$。根据边际成本等于边际收益的原则，消费者和社会的最佳均衡量分别为 Q_1、Q_2，个人的最佳购买量 Q_1 小于社会最佳规模 Q_2，即为“需求不足”现象。另外，消费者对农险的需求还会受到可支配收入的影响：当农业收益率低、农民的可支配收入少，“需求不足”的现象会更加严重。

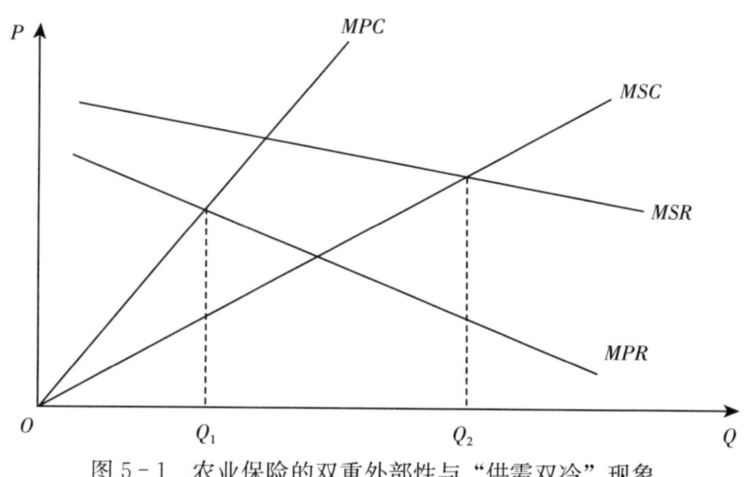

图 5-1　农业保险的双重外部性与“供需双冷”现象

第二，“生产”的正外部性与“供给有限”。农业保险“生产”的正外部性表现为农业保险人的边际收益 MPR 小于社会的边际收益 MSR，而农业保险人的边际成本 MPC 大于 MSC，进而导致农业保险人供给农业保险的最佳规模小于社会最佳规模，即“供给有限”。农业保险由于系统风险、信息不对称以及展业、承保、定损、理赔的高难度，导致农业保险的赔付率和经营成本较高，而收入并不能很好覆盖成本支出，进而导致农业保险人的个人收益较低，而社会只需要付出很小的成本就可以享受到农业保险带来的好处，并且农业保险人“生产”农险时还会承担部分本应由社会承担的成本，正向外部性由此产生。其内在机理同样也可从图 5-1 中看出，仅需将分析对象从农业保险“消费者”转为农业保险“供给者”。图 5-2 为政策性农业保险补贴理论的逻辑框架。

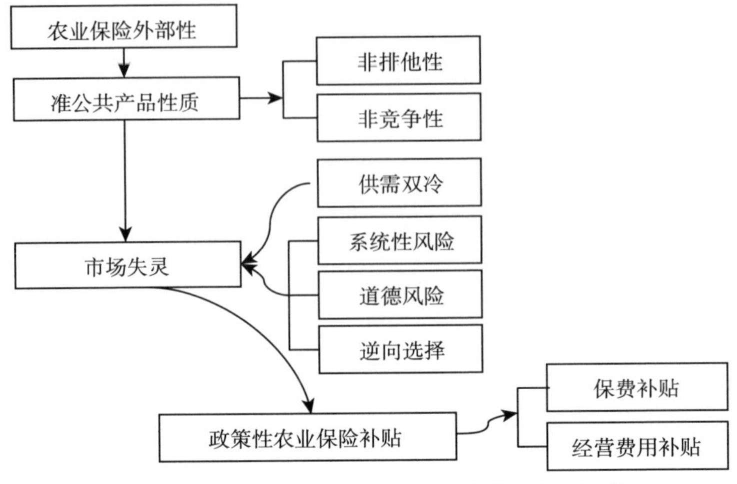

图 5-2　政策性农业保险补贴理论的逻辑框架①

5.3　财政支持农业保险的机理

农业保险应该采取的制度模式取决于农业保险的性质。研究表明，应将农业保险作为一种支持农业发展和迅速恢复再生产能力的农业政策，而不只是作为商业性的保险行为。美国政府农业保险的制度供给自 1938 年开始，在 20 世纪 80 年代迅速发展，形成了相对完善的“政策性保险、商业性经营”的制度模式，再保险计划、政府补贴和委托商业性公司等制度在一定程度上解决了农业保险中的系统性风险、信息不对称和正外部性问题。在中国，实施农业保险的目的更多在于分散农民的生产风险，增进农民福利的作用次之，因此更加证明了在中国应该实施政策性农业保险。虽然早在 20 世纪 30 年代就有研究提出需在中国实施政策性农业保险的观点，但新中国成立以来我国长期实行农业保险的商业化经营，直到 2003 年才进入政策性农业保险的重点发展阶段。

5.3.1　发展农业保险亟待解决的问题

大力发展农业保险，需要解决的问题包括以下三个方面。

第一，农业保险的外部性与商业运营的趋利性之间的矛盾。前文的分析表

① 张跃华，庹国柱，符厚胜．市场失灵、政府干预与政策性农业保险理论——分歧与讨论［J］．保险研究，2016（7）：3-10.

明农业保险的外部性会导致农业保险市场失灵，依靠市场本身无法实现农业保险“需求”与“供给”的适配。

第二，农业保险的低补偿性与农业产业的高风险性之间的矛盾。农业生产受自然灾害影响较大，农业产业的弱质性和农业生产经营设施条件的匮乏，容易对我国产业发展造成巨大损失，尤其是欠发达地区，受影响会更大。农业保险作为农业分散风险的重要工具，其赔付率居高不下，农业灾害的补偿水平较低，远远低于实际损失的价值。

第三，农业保险的高成本与农户家庭的低收入之间的矛盾。农业产业高风险、空间的分散性、时间的季节性、定损的复杂性决定了农业保险的高成本性，相比一般商业保险，农业保险的实施需要付出更多的人力、物力，农业保险需要较高的保费作为正常经营的保障，但对于农民而言，他们本身就不是高收入人群，收入具有较高的不稳定性，因此支付较高的保费对他们而言具有一定的难度，这会进一步降低农业保险的需求。

5.3.2　财政在支持农业保险中的作用

第一，解决农业保险外部性与商业运营趋利性之间的矛盾，实现农业保险的供需均衡。代表公共利益的政府对农业保险给予相应的财政支持，有助于实现社会最佳规模，推动农业保险高质量发展，从而更好地发挥农业保险的正外部性作用，增加社会福利。通过财政支持可以不断完善农业保险外部性的法律激励制度，一方面，财政支持通过健全农业保险税收法律制度和农业保险社会效益补偿税收制度等方式，可以有效降低农业保险经营主体的成本，鼓励农业保险经营主体积极开展农业保险业务，保证农业保险的供给；另一方面，通过财政支持农业保险的宣传与开展，有利于提高农户对农业保险的认识，增加其对农业保险的需求。

第二，缓解农业保险低补偿性与农业产业高风险性之间的矛盾。通过财政支持以建立完善的农业保险财政补贴制度，实现补贴制度的多样化，有助于提高财政补贴效率。目前我国的农业保险保障水平普遍偏低，虽然可以为农业生产的风险损失提供一个基本的补偿，但不能为农业生产提供可预期的和有吸引力的收入保障支持，难以吸引社会资金和生产者长期投入农业产业和扩大生产规模，难以保持农业生产者持续从事农业生产的积极性，更无法保障我国粮食安全、农产品有效供给和农民收入稳定等政策目标。财政对农业保险的投入顺应经济发展的趋势，有利于促进现代农业发展。

第三，缓解农业保险高成本与农户家庭低收入之间的矛盾。财政支持有助于增加保费补贴品种、扩大保费补贴区域、提高保障水平，不断降低农业保险的“准入门槛”。在后 WTO 时代，传统的农业补贴政策空间和效力日渐式微，以农业保险为代表的“绿箱”政策空间和效力与日俱增，但农业保险在我国现行的农业风险管理体系中仍处于附属地位。农业保险的“三高”（高风险性、高赔付率、高亏损率）特征和“准公共物品”属性决定了没有政府对农业保险参与各方的激励就难以实现其可持续发展。借鉴发达国家政策性农业保险的财政支持经验，通过财政支持发展农业保险，是后 WTO 时代发展“绿箱”政策、提升保险质量的可行方向。

5.3.3 政策性农业保险财政支持机理

我国自 2003 年开始积极探索政策性农业保险发展模式以来，在上海、河南、黑龙江等地进行了试点，并因地制宜发展出了多种政策性农业保险方式，到目前为止，我国各种农业保险模式可以大致总结为如图 5－3 所示的逻辑框架。

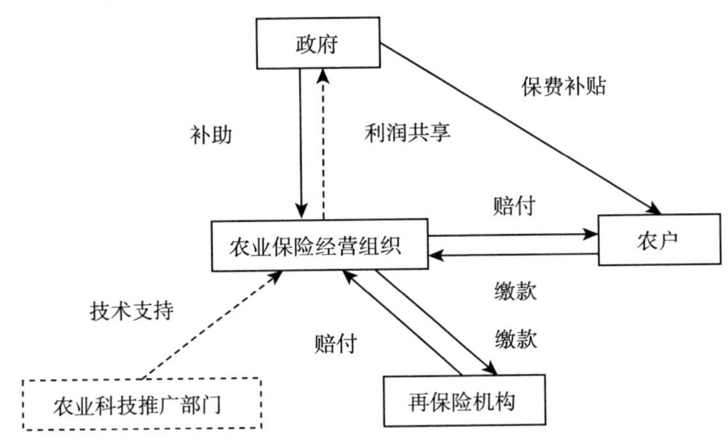

图 5－3　我国农业保险的基本制度框架

农业保险经营组织负责主营农业保险，从政府获得赔付款补贴、税收优惠等政策性补助，用于农业保险的经营支出；将农业保险出售给农户获得保费收入，并在出现赔付时向农户交付赔付款；再保险机构负责为农业保险经营组织提供再保险，进一步分散风险；如该地区设有农业科技推广部门，农业保险经营组织还可以从该部门获取技术支持，比如保险定损技术等；政府不仅对农业保险经营组织进行补贴，还会对购买农业保险的农户进行保费补贴，目前补贴比例一般占保费的60%以上，补贴的费用可由中央、省、市三级按照比例分摊。

不同模式下的农业保险经营组织获取政府补助各有不同，比如吉林省安华农业保险公司是国内首家经保监会正式批准的综合性商业化运作的农业保险公司，其通过政府的政策性保费补贴和其他优惠政策快速扩大业务市场，保费收入迅速提升；江苏省淮安市通过商业保险公司与地方市政府联合共保、双方按照一定比例共同承担农业保险经营利润和风险的方法，摸索出一套适合本地发展的农业保险模式，该模式兼具了商业性和政策性，已基本在江苏省实现全面覆盖；上海安信公司通过以险养险（以其他保险的保费收入弥补农业保险的亏损）、再保险大灾风险分散和防范机制、统保（实行强制保险）与共保（政府农业管理部门和安信农保公司共同承办农业保险业务）的方式，与政府共同承担风险、共享利润，为农业保险发展提供良好保障。可以看出，农业保险制度体系中，农业保险经营组织分散风险的方式或者是从政府处获得资金类补助或者其他政策优惠，或者是将一定比例的风险交由政府承担。

需要明确的是，发展中国的农业保险不能只依靠政府补贴，不可选择单一经营主体的道路，我国农业保险的发展方向必然从“政府主导”向着“政府引导”逐渐过渡，更多发挥市场的作用。农业保险行业的良性发展离不开政策性保险体系的构建，未来我国将朝着以下几个方面不断完善政策性农业保险制度：第一，加快完善农业保险法律体系，实现农业保险的“有法可依”；第二，加快完善政策性农业保险补贴体系，实现财政补贴方式的多样化与程序的规范化；第三，建立农业巨灾风险分散机制，探索多元化政策性保险发展模式。

第 6 章　政策支持对广东省农业保险发展的整体效应：VAR 模型

6.1　模型选择：向量自回归（VAR）模型

当前我国农业保险的财政补贴实行专项管理、分账核算，根据承担的部门不同分为中央级财政补贴、省级财政补贴和市县财政补贴。农业保险财政补贴主要的政策目标是鼓励农户等农业生产经营主体投保、提高农业保险的覆盖率，通过增强各主体农业抗风险能力，刺激农业生产供给，并提高农村居民的生活水平，防范因各种重大农业风险冲击致贫的情况。为评估财政补贴政策的效果，就需要研究农业保险财政补贴和农业保险发展指标之间的关系。

考虑到财政补贴农业保险属于政策行为，可能存在滞后效应，本书将选择适合探讨农业保险财政补贴投入、保险产业发展和农民收入三组指标之间相关关系的 VAR 模型进行计量分析。VAR 模型把系统中每一个内生变量作为系统中所有内生变量的滞后期项的函数来构造模型，常用于预测相互联系的时间序列系统及分析随机扰动对变量系统的动态冲击，从而解释各种经济冲击对经济变量形成的影响。

6.2　计量回归：财政支持对农业保险发展的影响

6.2.1　数据、变量与指标选择

如上文所述，本研究通过构建 VAR 模型来分析广东省农业保险补贴、保险发展情况、农村居民生活情况三组指标之间的动态联系。基于先前同类文献的经验，结合对实际数据的分析和不同模型的构建情况，本书决定选用政策性农业保险政府保费财政补贴作为农业保险补贴指标；选用保险深度和保险密度衡量保险发展情况；选用农村人均可支配收入衡量农村居民生活水平。本书收集了广东省范围内 2009—2020 年的数据，原始数据来源于广东省财政厅、保险公司内部、《中国保险年鉴》以及国家统计局，变量及其指标赋值见表 6－1。

表 6-1　VAR 模型变量及指标赋值

变量	指　标	赋值说明
农业保险补贴（*s*）	广东省政策性农业保险三级财政补贴总和（万元）	中央、省以及地市县三级农业保险（含种植险、养殖险）政府财政补贴的加总数额
保险深度（*deep*）	广东省农业保险深度（%）	农业保险深度是指地区农业保险产业在当地经济中的地位，取决于地区经济发展水平和该地区农业保险发展的速度。农业保险深度的计算公式为：农业保险深度=农业保费收入/第一产业生产总值
保险密度（*density*）	广东省农业保险密度（元/人）	农业保险密度是指统计区域内第一产业就业人口平均保险费的数额，衡量了该地区农业保险业务的发展程度。农业保险密度的计算公式为：农业保险密度=农业保费收入/第一产业就业人数
农户收入（*i*）	广东省农村人均可支配收入（元）	2013 年广东省统计局在农村收入统计上更换口径，虽然对数据的连续性有一定影响，但问题为中国农村居民收入统计的共性问题。因此 2009—2012 年的数据为广东省农村人均纯收入，2013—2020 年的数据为广东省人均可支配收入

原始数据为时间序列，可能存在异方差问题，为消除异方差的影响对四个变量的原始数据做取自然对数预处理，得到时间序列 ln*s*、ln*deep*、ln*density* 及 ln*i*。数据处理采用软件 Eviews 8.0。

6.2.2　实证分析

6.2.2.1　ADF 单位根检验

本研究采用 ADF 检验法对时间序列 ln*s*、ln*deep*、ln*density* 及 ln*i* 进行单位根检验。使用 Eviews 进行检验，结果如表 6-2 所示。在 1%的显著水平下，原始数列取自然对数后的时间序列 ln*s*、ln*deep*、ln*density* 及 ln*i* 是平稳的，表明四个变量均为平稳的时间序列。

表 6-2　单位根检验结果

变量	检验类型	*t* 统计值	1%显著性水平下临界值	*P* 值	平稳性
ln*s*	trend and intercept	−11.307 58	−5.521 860	0.000 1	平稳
ln*deep*	trend and intercept	−6.772 959	−5.521 860	0.003 0	平稳
ln*density*	trend and intercept	−6.204 685	−5.521 860	0.005 2	平稳
ln*i*	trend and intercept	−6.422 713	−5.295 384	0.002 9	平稳

6.2.2.2 模型构建及稳定性检验

在 VAR 模型中，应基于各种信息准则来选取最优的滞后阶数，足够大的滞后阶数有利于完整全面地展现模型的动态特征。本研究基于 AIC 最小原则选择非限制性 VAR 模型滞后阶数，得到滞后阶数为 1（表 6－3）；故建立 VAR（1），模型基本表达式为：

$$\begin{bmatrix} \ln s \\ \ln deep \\ \ln density \\ \ln i \end{bmatrix} = \begin{bmatrix} c_1 \\ c_2 \\ c_3 \\ c_4 \end{bmatrix} + A_1 \begin{bmatrix} \ln s_{t-1} \\ \ln deep_{t-1} \\ \ln density_{t-1} \\ \ln i_{t-1} \end{bmatrix} + \begin{bmatrix} \varepsilon_{1t} \\ \varepsilon_{2t} \\ \varepsilon_{3t} \\ \varepsilon_{4t} \end{bmatrix} \tag{6-1}$$

模型稳定性检验结果如图 6－1 所示，被估计的 VAR 模型对应的特征方程的所有根都落在单位圆内，估计的 VAR（1）模型具有稳定性。

表 6－3 模型滞后阶数选择

lag	log*L*	*LR*	*FPE*	*AIC*	*SC*	*HQ*
0	49.467 80	NA	3.02e−09	−8.266 873	−8.122 184	−8.358 079
1	94.924 68	49.589 33*	1.90e−11*	−13.622 67*	−12.899 22*	−14.078 70*

注："*"表示由条件选择的滞后顺序。

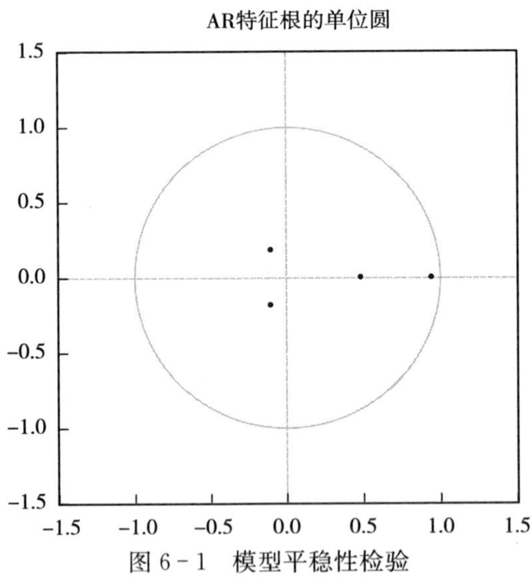

图 6－1 模型平稳性检验

6.2.2.3　相关分析

通过观测VAR模型4个方程回归残差之间的相关系数（表6－4）可发现，ln*s*方程的残差与ln*deep*方程、ln*density*方程回归的残差之间的相关系数分别为0.983 6和0.956 1；ln*deep*方程的残差和ln*density*方程回归的残差之间的相关系数为0.932 9。说明补贴方程、密度方程以及深度方程的残差都存在一定的相关性，且相关系数的数值较大。可见，农业保险补贴、农业保险密度和农业保险深度三变量之间存在着较强的内在联系。而ln*i*方程的残差与其他三个方程ln*s*、ln*deep*、ln*density*的回归残差均为负值，相关系数分别为－0.631 1、－0.696 9和－0.535 7。相较于其他三变量之间，人均收入方程与补贴、密度和深度方程之间的相关系数较小，但仍呈现一定的相关关系。可见，模型的四个变量之间相互影响、相互制约，对此可进一步通过VAR模型的脉冲响应分析和方差分解对变量间的相互作用关系进行分析。

表6－4　各方程残差项的相关系数矩阵

	ln*s*	ln*deep*	ln*density*	ln*i*
ln*s*	1.000 000	0.983 577	0.956 076	－0.631 068
ln*deep*	0.983 577	1.000 000	0.932 933	－0.696 898
ln*density*	0.956 076	0.932 933	1.000 000	－0.535 701
ln*i*	－0.631 068	－0.696 898	－0.535 701	1.000 000

6.2.2.4　脉冲响应分析

脉冲响应函数可较为直观地体现变量之间的动态交互作用及效应，即衡量某个内生变量的随机扰动项的一个标准冲击对模型中其他内生变量当前值和未来取值的影响。本研究使用Eviews 8.0，基于VAR模型绘制出脉冲响应函数曲线（图6－2、图6－3、图6－4），响应函数的追踪期设定为10期。结果显示，广东省三级财政补贴总和的扰动冲击对广东省保险深度和保险密度都能引起一定的响应，相比之下其引起广东省农村人均收入的响应较小。

第一，如图6－2所示，财政补贴总和受到一个单位标准差的冲击后，在当期保险深度的响应值为0.14，未来一期的响应值减小但仍为正并达到最大累积正响应值为0.183，累积正响应持续至第6期。说明提升广东省三级财政补贴总和会直接使得农业保险深度增大，即农业保险保费收入的增速高于第一产业的产值。并且，从累积影响的角度看有一定的多期持续正向影响效果。但是，从第3期开始，保险深度表现出了负向响应的波动，并以小幅回升的趋势趋于稳定。结合实际情况分析，长期冲击转为负向响应的原因可能有二，一是农业保险降低了农业风险对于农户的影响，促进了微观主体对农业生产投入的增长，进而使得财政补贴增加会导致农业产业增速在长期高于农业保险收入的增速；二是当前农业保险财政补贴的补贴模式在各方面尚未完全成熟，长期效率不高，使得其仅在短期对保险深度有正向影响。

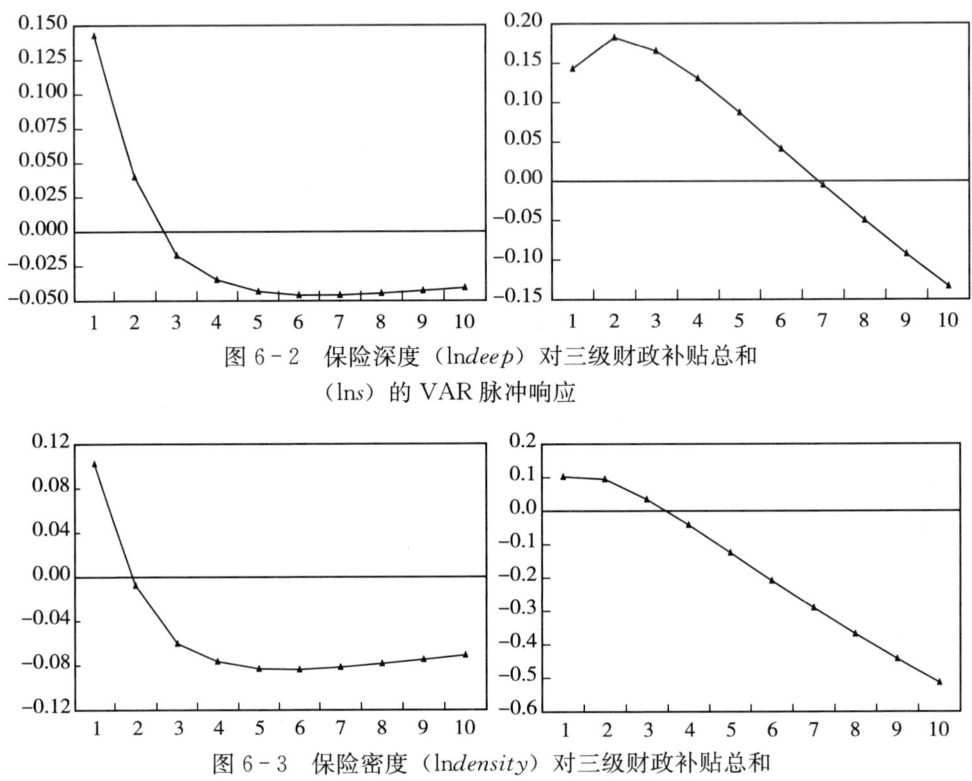

图 6－2　保险深度（ln*deep*）对三级财政补贴总和（ln*s*）的 VAR 脉冲响应

图 6－3　保险密度（ln*density*）对三级财政补贴总和（ln*s*）的 VAR 脉冲响应

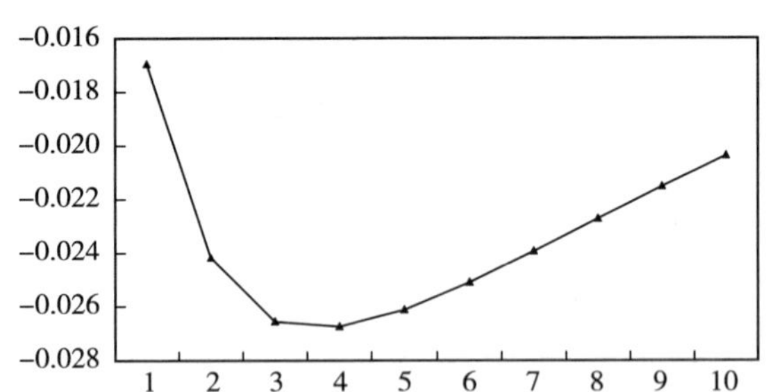

图 6－4　农村居民人均可支配收入（ln*i*）对三级财政补贴总和（ln*s*）的 VAR 脉冲响应

第二，如图6-3所示，财政补贴总和受到一个单位标准差的冲击后，在当期保险密度的响应值为0.10，未来一期的响应值下降至略小于0，说明提升广东省三级财政补贴总和会直接使得农业保险密度增大，即农业保险保费收入提高且劳均保费呈上升趋势。但从第3期开始，呈现出较为明显的负向响应，随后通过小幅回升逐渐趋于稳定。结合实际情况分析，长期冲击转为负向响应的原因可能有二，一是农业保险将有效分散农业风险，长期可能促使第一产业就业人员的回流甚至增加，使得保险密度回落；二是农业保险财政补贴的补贴模式在各方面尚未完全成熟，长期效率不高，使得其仅在短期对保险密度有正向影响。

6.2.2.5　方差分解

由脉冲响应分析可知，三级财政补贴总和（ln*s*）、保险深度（ln*deep*）和保险密度（ln*density*）三变量之间存在着相互影响的内在关系，ln*s* 对 ln*deep* 和 ln*density* 的影响程度和方向相近。对此，本研究将进一步通过方差分解研究四个扰动因素影响VAR模型内各变量的相对程度，结果如图6-5所示。

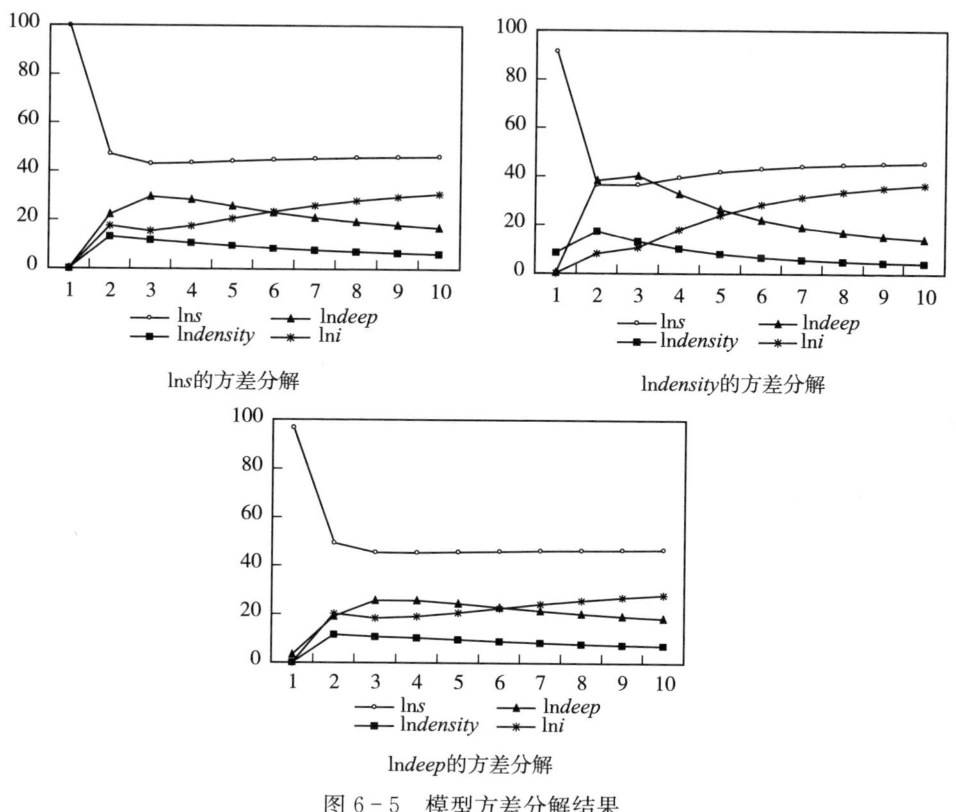

图6-5　模型方差分解结果

农业保险的三级财政补贴总和能够在一定程度上解释农业保险深度和保险密度的变化。其中，保险密度第 2 期解释程度大幅下降，在第 3 期达到最低点后逐步回升并趋于平稳；相反，保险深度则是在第 2 期快速上升，在第 3 期达到最高点后，后续逐渐下降。

6.2.3 结果解释

选取三级财政补贴之和作为农业保险财政补贴投入指标，利用 VAR 模型对财政补贴投入、保险产业发展、农民生活水平三者的内在关系进行实证分析。研究结果表明，政府财政补贴在短期内对农业保险产业的发展有明显的正向促进，并且农业保险的扩大可以进一步提高农村居民可支配收入水平，起到有效的减贫作用。从实际的数据上看，随着农业保险财政补贴的增加和不断规范，广东省农业保险深度从 2006 年仅有 0.1%增长至 2020 年的 0.56%，保险密度从 0.82 元/人增长至 348.10 元/人。广东省农业保险在持续落实各级财政支持的 10 年间得到了极大的促进和发展。

但由该模型脉冲响应分析衡量出的长期响应在后期转为负数，倾向于认为是混合三级财政补贴的数值对长期响应情况的测度有偏差。即虽然中央级财政补贴对广东省农业保险产业的发展有明显作用，但从追求长期稳定发展来看，投入目标更为精准的省级和市县级财政补贴将起到更显著的促进作用。因此，本课题进一步建立广东省省级和市县级财政补贴 VAR 模型研究地方财政补贴对农业保险产业的长期扶持作用。

6.3 延伸讨论：地方财政补贴的作用效果

6.3.1 数据、变量与指标选择

如上文所述，本研究通过构建 VAR 模型来分析广东省地方财政补贴和农业保险发展情况两组指标之间的动态联系。本研究决定选用政策性农业保险中种植险和养殖险两部分的地方财政补贴作为农业保险补贴指标；选用保险深度和保险密度衡量保险发展情况。本研究收集了广东省范围内 2009—2020 年的数据，原始数据来源于广东省财政厅、保险公司内部提供、《中国保险年鉴》，变量及其指标赋值如表 6-5 所示。

原始数据为时间序列，可能存在异方差问题，为消除异方差的影响对四个变量的原始数据做取自然对数预处理，得到时间序列 ln*crop*、ln*stock*、ln*deep*

表 6-5　VAR 模型变量及指标赋值

变量	指　标	赋值说明
种植险补贴（*crop*）	省级和地市县级政策性种植险政府财政补贴之和（万元）	广东省省级和地市县级政府财政对政策性农业保险（种植险）补贴的数额之和
养殖险补贴（*stock*）	省级和地市县级政策性养殖险政府财政补贴之和（万元）	广东省省级和地市县级政府财政对政策性农业保险（养殖险）补贴的数额之和
保险深度（*deep*）	广东省农业保险深度（%）	农业保险深度是指地区农业保险产业在当地经济中的地位，取决于地区经济发展水平和该地区农业保险发展的速度。农业保险深度的计算公式为：农业保险深度=农业保费收入/第一产业生产总值
保险密度（*density*）	广东省农业保险密度（元/人）	农业保险密度是指统计区域内第一产业就业人口平均保险费的数额，衡量了该地区农业保险业务的发展程度。农业保险密度的计算公式为：农业保险密度=农业保费收入/第一产业就业人数

和 ln*density*。数据处理采用软件 Eviews 8.0。

6.3.2　实证分析

6.3.2.1　ADF 单位根检验

本研究采用 ADF 检验法对时间序列 ln*crop*、ln*stock*、ln*deep* 和 ln*density* 进行单位根检验。使用 Eviews 8.0 进行检验，结果如表 6-6 所示。在 1%的显著水平下，时间序列 ln*crop* 和 ln*density* 是平稳的；而在 10%的显著水平下，时间序列 ln*stock* 的一阶差分形式和 ln*deep* 是平稳的。

表 6-6　单位根检验结果

变量	检验类型	*t* 统计值	相应显著性水平下临界值	*P* 值	平稳性
ln*crop*	trend and intercept	−5.884 133	−5.521 860	0.007 0	平稳
d（ln*stock*）	none	−1.688 630	−1.601 144	0.085 5	平稳
ln*deep*	trend and intercept	−6.772 959	−5.521 860	0.003 0	平稳
ln*density*	trend and intercept	−6.204 685	−5.521 860	0.005 2	平稳

6.3.2.2　模型构建及稳定性检验

本研究基于AIC最小原则选择非限制性VAR模型滞后阶数，得到滞后阶数为1（表6-7、表6-8）；故建立VAR（1）模型，由于考虑到模型稳定性问题需分别建立深度模型（式6-2）和密度模型（式6-3）：

$$\begin{bmatrix} \ln crop \\ d(\ln stock) \\ \ln deep \end{bmatrix} = \begin{bmatrix} c_1 \\ c_2 \\ c_3 \end{bmatrix} + A_1 \begin{bmatrix} \ln crop_{t-1} \\ d(\ln stock)_{t-1} \\ \ln deep_{t-1} \end{bmatrix} + \begin{bmatrix} \varepsilon_{1t} \\ \varepsilon_{2t} \\ \varepsilon_{3t} \end{bmatrix} \quad (6-2)$$

$$\begin{bmatrix} \ln crop \\ d(\ln stock) \\ \ln density \end{bmatrix} = \begin{bmatrix} c_1 \\ c_2 \\ c_3 \end{bmatrix} + A_2 \begin{bmatrix} \ln crop_{t-1} \\ d(\ln stock)_{t-1} \\ \ln density_{t-1} \end{bmatrix} + \begin{bmatrix} \varepsilon_{1t} \\ \varepsilon_{2t} \\ \varepsilon_{3t} \end{bmatrix} \quad (6-3)$$

模型稳定性检验结果如图6-6、图6-7所示，被估计的VAR模型对应的特征方程的所有根都落在单位圆内，估计的VAR（1）模型具有稳定性。

表6-7　深度模型滞后阶数选择

lag	log*L*	*LR*	*FPE*	*AIC*	*SC*	*HQ*
0	1.379 988	NA	0.000 278	0.324 002	0.414 778	0.224 422
1	22.570 47	25.428 58*	2.79e−05*	−2.114 094*	−1.750 992*	−2.512 416*

注："*"表示由条件选择的滞后顺序。

表6-8　密度模型滞后阶数选择

lag	log*L*	*LR*	*FPE*	*AIC*	*SC*	*HQ*
0	−13.851 80	NA	0.005 850	3.370 360	3.461 135	3.270 779
1	19.264 45	39.739 50*	5.41e−05*	−1.452 890*	−1.089 788*	−1.851 212*

注："*"表示由条件选择的滞后顺序。

6.3.2.3　相关分析

通过观测深度模型和密度模型的方程回归残差之间的相关系数（表6-9、表6-10）可发现，深度方程中ln*crop*方程的残差与ln*deep*回归的残差之间的相关系数为0.965 8；密度方程中ln*crop*方程的残差与ln*density*回归的残差之间的相关系数为0.917 6。说明两个模型中，种植险补贴方程与深度方程和密度方程之间存在一定的相关性，且相关系数的数值较大。可见，种植险保险地方财政补贴与农业保险深度和密度三变量之间存在着较强的内在联系。而d（ln*stock*）方程的残差与ln*deep*方程和ln*density*的回归残差相关系数分别为

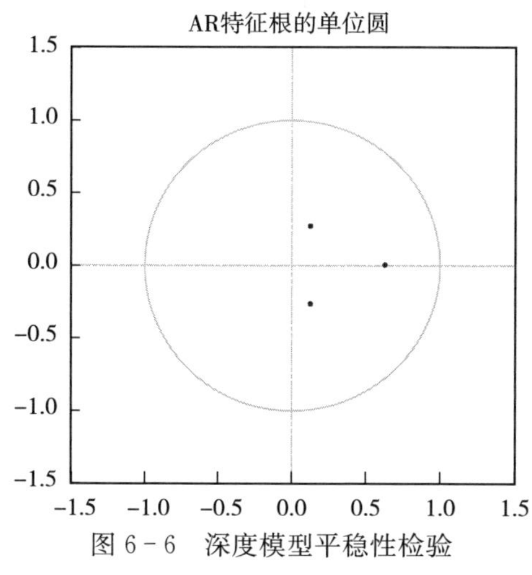

图 6－6　深度模型平稳性检验

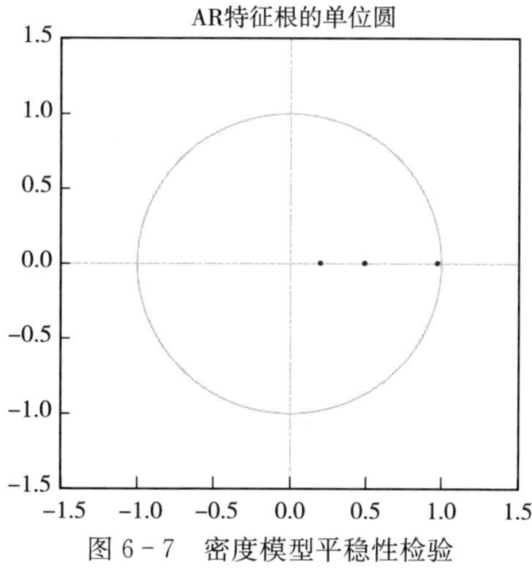

图 6－7　密度模型平稳性检验

0.015 7 和 0.253 0；在两个 VAR 方程中 d（ln*stock*）方程的残差与 ln*crop* 的相关系数小于零，且绝对值均小于 0.1。相较于其他三变量之间，因一阶差分形式影响，养殖险补贴方程与保险深度和密度方程之间的相关系数较小，但仍呈现一定的相关关系。可见，两个 VAR 模型中涵盖的变量之间均存在同期的影响关系，对此可进一步通过 VAR 模型的脉冲响应分析和方差分解对变量间的相互作用关系进行分析。

表 6－9　深度模型各方程残差项的相关系数矩阵

	ln*crop*	d（ln*stock*）	ln*deep*
ln*crop*	1.000 000	−0.053 740	0.965 795
d（ln*stock*）	−0.053 740	1.000 000	0.015 694
ln*deep*	0.965 795	0.015 694	1.000 000

表 6－10　密度模型各方程残差项的相关系数矩阵

	ln*crop*	d（ln*stock*）	ln*density*
ln*crop*	1.000 000	−0.006 121	0.917 551
d（ln*stock*）	−0.006 121	1.000 000	0.252 952
ln*density*	0.917 551	0.252 952	1.000 000

6.3.2.4　脉冲响应分析

本研究使用 Eviews 8.0，基于 VAR 模型绘制出脉冲响应函数曲线，响应函数的追踪期设定为10期。结果显示，省级和市县级种植险财政补贴和养殖险财政补贴的扰动冲击分别对广东省的保险深度和保险密度都引起了一定的响应（图6-8、图6-9），其中种植险财政补贴引起保险深度和保险密度的响应相对大于养殖险财政补贴。究其原因，可能是种植险财政补贴和养殖险财政补贴的差分阶数不相同，种植险财政补贴变量的值一般都大于1，而养殖险财政补贴变量的绝对值往往小于1，导致了两者响应值在数值上有较为明显的区别。

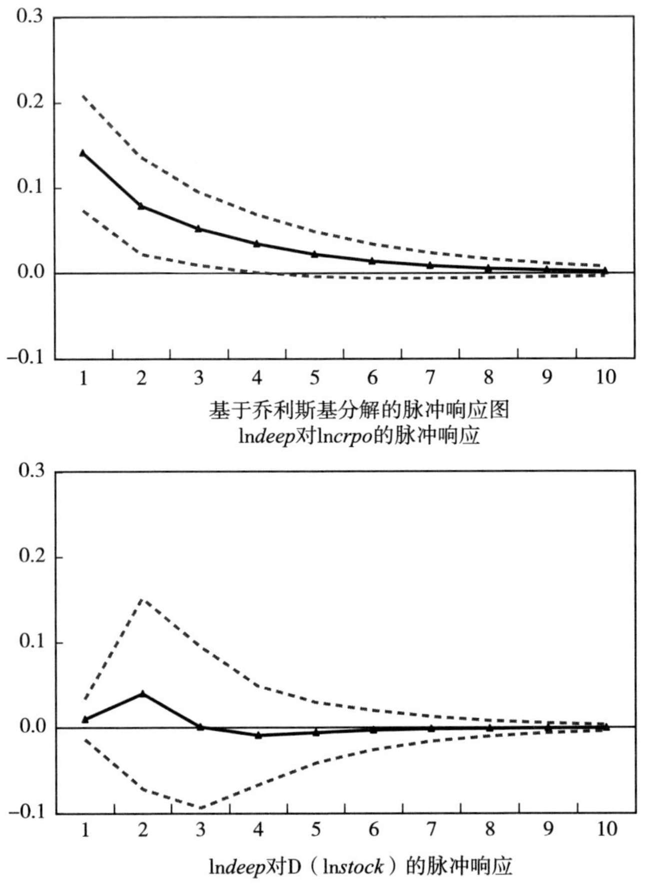

图6-8 保险深度（ln*deep*）对种植险财政补贴（ln*crop*）和养殖险财政补贴［d（ln*stock*）］的VAR脉冲响应

如图6-8所示，广东省政策性种植险省级和市县级财政补贴之和受到一个单位标准差的冲击后，保险深度的响应值达到最大值0.14，后续逐期下降并趋近于0，响应值都为正。而广东省政策性养殖险省级和市县级财政补贴之和受到一个单位标准差的冲击后，保险深度的响应值为 0.01，但响应值在第二期上升达到最大值 0.04，后续期数在 0 附近小幅波动并在长期趋于平稳。说明种植险地方财政补贴对保险深度指标在长期有明显的正向影响，短期内养殖险地方财政补贴对保险深度指标有正向影响。结合实际补贴发放情况分析，初步判断地方财政补贴的核算时间较长导致资金支付滞后，使得激励性无法在短期内有效体现。

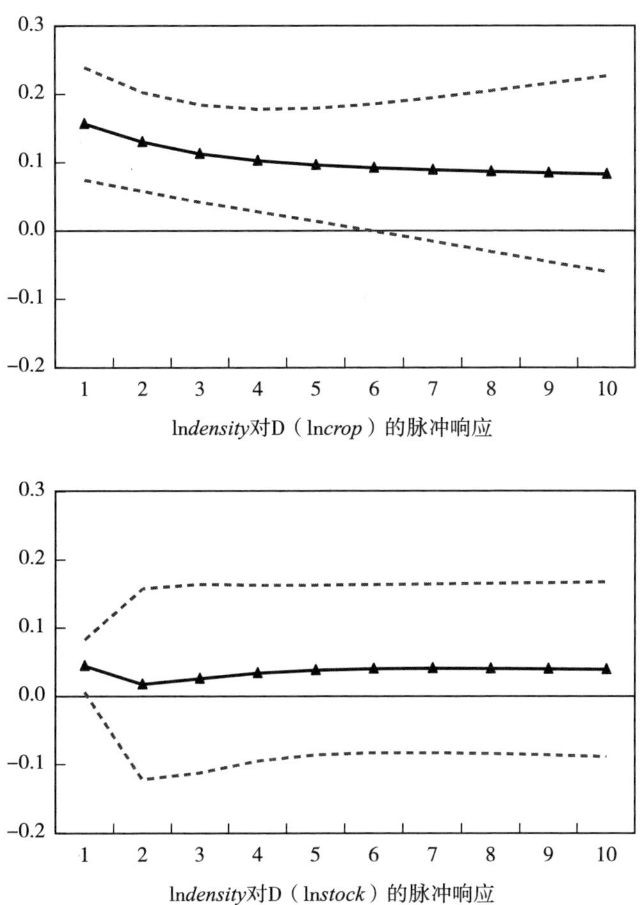

图 6－9　保险密度（ln*density*）对种植险财政补贴（ln*crop*）和养殖险财政补贴［d（ln*stock*）］的 VAR 脉冲响应

如图 6－9 所示，广东省政策性种植险省级和市县级财政补贴之和受到一个单位标准差的冲击后，保险密度的响应值达到最大值 0.16，后续逐期缓慢下降，并在 10 期后趋近于 0.08。广东省政策性养殖险省级和市县级财政补贴之和受到一个单位标准差的冲击后，保险密度的响应值为 0.04，在第 2～4 期出现小幅下降，从第 5 期恢复 0.04 的响应值水平并长期不变。说明种植险和养殖险的地方财政补贴都对保险密度指标在长期有明显的正向影响。而保险密度对种植险和养殖险的响应值在长期趋向大于零的值，也直接证明了补贴资金的支付滞后会使得财政补贴的激励效果后延。

6.3.2.5 方差分解

由脉冲响应分析可知，种植险省级和市县级财政补贴之和（ln*crop*）、养殖险省级和市县级财政补贴之和［d（ln*stock*）］与保险深度（ln*deep*）和保险密度（ln*density*）变量之间分别存在着相互影响的内在关系，ln*crop*、d（ln*stock*）对 ln*deep* 和 ln*density* 的影响程度和方向相近。对此，本研究将进一步通过方差分解研究两个 VAR 模型中各个扰动因素影响 VAR 模型内保险深度（ln*deep*）和保险密度（ln*density*）变量的相对程度，结果如图 6-10 所示。

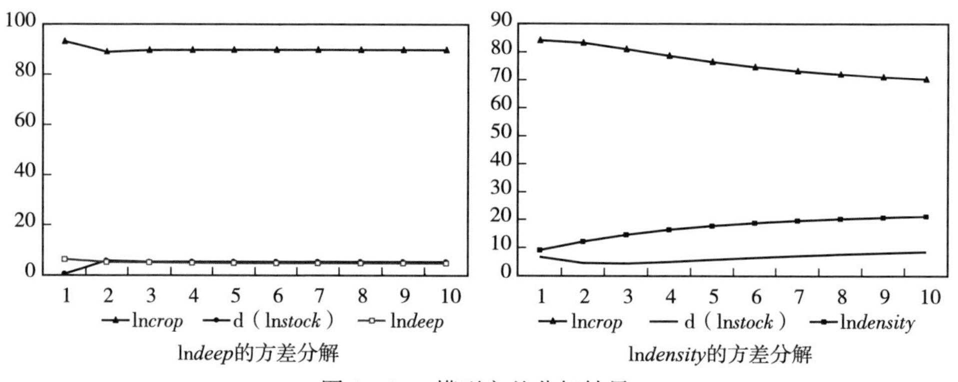

图 6-10 模型方差分解结果

第一，种植险以及养殖险的省级和市县级财政补贴之和能够在一定程度上解释农业保险深度的变化，其中种植险财政补贴的解释程度远高于养殖险的，第 1 期为 93%，其解释程度在第 2 期短暂下降，随后稳定在 90%。养殖险财政补贴的解释程度则在第 2 期从 0%上升至 6%并在后续期数稳定在 5%。

第二，种植险以及养殖险的省级和市县级财政补贴之和能够在一定程度上解释农业保险密度的变化，其中种植险财政补贴的解释程度远高于养殖险的，初期为 84%，但在 10 期内持续下降，最终解释程度为 70%。养殖险在当期的影响程度为 8%，随后有微小的调整，并在第 9 期后稳定在 9%。

6.3.3 结果解释

基于 2009—2020 年广东省范围内的年度时间序列数据，利用 VAR 模型对省级和市县级的农业保险财政补贴、农业保险产业发展情况的内在联系进行实证分析。

研究结果表明：第一，2009—2020 年期间，农业保险地方财政补贴、农业保险产业发展情况二者之间存在显著的相互影响关系，其中农业保险地方财政补贴对广东省农业保险密度产生较强的正向影响作用。农业保险密度的显著提高本质上是保险收入的提高，结合广东省保险产业的实际发展来看，2007 年前广东省经营农业保险的保险公司只有人保财险 1 家，后续由于财政支持力度扩大，更多的公司进入农业保险行业。并且，由于市县政府在 2013 年加大财政补贴，广东省农业保险产业由 2013 年仅有 5 家保险公司参与且人保公司的保险收入占比高达 91%的不平衡发展状态，演变为 2019 年的 13 家公司共同参与且在竞争上更为市场化的发展状态。因此模型结果与现实发展趋势相符，同时也证明了市县政府财政支持对推动广东省农业保险产业高质量发展有着更大的作用，在提升农业保险深度和密度的同时进一步调整优化了农业保险的市场结构。

第二，2009—2020 年期间，农业保险地方财政补贴对农业保险产业发展的促进影响具有跨期效应，最大影响效应在 10 期之后才能实现。可见政策的时滞性较为严重，补贴的短期效果远不如长期。结合保险公司实际工作可知，现实中存在财政补贴资金实收时间滞后导致公司对农业保险投入推迟的问题。因此研究结果不仅证明了地方财政补贴对于农业保险发展的重要性，而且凸显了广东省亟待进一步评估省级和市县级财政补贴效率的迫切需求，以找到如何改善核算支付滞后等问题的解决对策。

6.4　本章小结

本章运用 2009—2020 年间广东省农业保险的各项数据构建第一个 VAR 模型实证检验了各级农业保险财政补贴、保险产业发展和农民收入三者之间的关系，证明了财政支持有助于农业保险高质量发展。为更加深入地实证检验地方农业保险财政补贴和保险产业发展之间的相关关系，本章通过调整模型变量进一步构建了第二部分的两个 VAR 模型，分别是深度模型和密度模型。模型分析结果显示，第二部分的深度模型和密度模型在响应值的更多期数上对农业保险发展两项指标有更显著的正向影响。其背后的含义如下：

第一，广东省地方财政支持有力地推动了省内农业保险高质量发展。地方财政在使用与投放等方面，相对于中央财政有更高的精准性，因此有更大的作用效果。

第二，农业保险的财政支持效果具有持续性与一定程度滞后累积效应，即财政支持不仅对当期农业保险有刺激作用，还将对未来几期的农业保险产生正向影响。深度模型和密度模型脉冲响应分析中展现出的长期正向累积响应，证明了地方财政支持效果存在持续性与滞后累积效应。因此，准确地评估财政支持农业保险的政策效果，须从长期角度进行分析。

另外，本章虽然证明了各级财政补贴对广东省农业保险高质量发展有显著正向效应，但VAR模型仍未能回应开篇提出的广东省内不同地区的结构性矛盾问题，因为第二部分的两个模型中选取的地方财政补贴的指标包括了省级和市县两级财政补贴，无法区分广东省各市县的发展差异问题。因此，本研究将在下一章进一步结合各地的情况对农业保险财政补贴效果进行地市差异及效率研究。

第 7 章　政策支持对农业保险发展的地区差异影响：DEA 模型

如前所述，广东省农业保险财政补贴在省内存在严重的地区差异，珠三角与粤东、粤西、粤北地区发展不平衡、地方政府财政补贴可能存在投入产出效率不一的问题。对此，亟待进一步测定广东省各地方财政支持下的农业保险补贴效率，进而有针对性地完善农业保险财政支持投入制度。这对充分发挥财政资金的杠杆效应，构建政策性农业保险的可持续发展机制具有重要的现实意义。

7.1　模型与指标选取

7.1.1　方法选择与说明：DEA 模型

数据包络分析方法（DEA），起源于运筹学，是一种测度决策单元（DMU）产出效率的非参数估计方法。具体而言，该方法通过选取多项投入指标和多项产出指标，利用线性规划的方法确定相对有效的生产前沿面，并通过比较各决策单元偏离生产前沿面的程度来进行相对有效性评价，在排除主观因素、减少误差等方面显示出优越性。

DEA 的基本模型主要有 CCR 模型和 BCC 模型。CCR 模型是在固定规模报酬的限制下对决策单元的规模有效和技术有效同时进行评价；BCC 模型则将技术效率分为纯技术效率和规模效率，以衡量处于不同规模报酬状态下的相对效率值。由于我国农业保险处于发展阶段，故认为其产出的规模报酬可变。

因此，本章运用可变规模效率的 BCC 模型测度广东省农业保险地方财政补贴的投入产出效率，该模型形式如下：

$$\text{BCC}\begin{cases}\min\theta \\ \text{s. t. } \sum_{j=1}^{n}\lambda_j x_j + s^{+} = \theta x_0 \\ \sum_{j=1}^{n}\lambda_j y_j - s^{-} = y_0 \\ \sum_{j=1}^{n}\lambda_j = 1, \lambda_j \geqslant 0, j = 1,2,\cdots,n \\ \theta\text{ 无约束}, s^{+} \geqslant 0, s^{-} \geqslant 0\end{cases}$$

在 BCC 模型下，DEA 效率值的结果在 0～1，当 $\theta=1$ 且 $s^{+}=0$，$s^{-}=0$ 时，即效率值为 1，则称决策单元 DEA 有效，处于最优效率水平；如果效率值小于 1，则称决策单元 DEA 无效，θ 值越接近 1，说明其效率水平越高。

7.1.2 数据与指标选择

根据数据的可获得性和广东省各地区经济发展差异的现实条件，选取广东省 20 市（除深圳市）2020 年农业保险投入指标和产出指标，构建数据包络模型（DEA），分析 20 市的农业保险投入产出效率，对比各地市财政支持的投入产出效率差异，如表 7 - 1 所示。

表 7 - 1 投入产出指标

	投入指标（X）	产出指标（Y）
指标 1（X_1，Y_1）	省级财政支持	第一产业产值（亿元）
指标 2（X_2，Y_2）	市县财政支持	农业保险深度
指标 3（X_3，Y_3）	第一产业就业人数（万人）	农业保险密度

7.2 结果分析：不同地市效率高低的原因与改进方向

7.2.1 总体有效性评价——各地级市的综合效率

本研究借助软件 Deap 2.1，采用投入导向型 DEA 模型，对广东省 20 市农业保险财政补贴的投入产出情况进行实证分析，其效率分析结果如表 7 - 2 所示：

第一，达到 DEA 有效（综合效率＝1）的 4 个城市均属于珠三角地区。从 DEA 分析结果可见，佛山、东莞、中山、珠海 4 市均达到 DEA 有效，珠三角城市的 DEA 有效率达到 50%，而粤东、粤西、粤北三地区均没有实现

DEA 有效的城市。综合效率是基于规模报酬不变的假设下，从投入角度对技术层面所进行的效率分析，其经济含义是决策单元在既定产出水平下实际运用投入的能力，可作为衡量某地区农业保险财政补贴效果的显著评价指标。从综合效率来看，珠三角 4 市（佛山、东莞、中山、珠海）在农业保险深度、农业保险密度和农业产值上无论是从纯技术效率还是规模效率来看，各项投入的利用能力都达到相对较高的水平。此外，这些城市所形成的决策单元均处于不变规模下的最优前沿面上。

第二，广州、肇庆、湛江、茂名、阳江、河源 6 市的投入产出效率未达有效，但纯技术效率为有效值（纯技术效率值为 1）。这表明投入产出的非效率性并非来自技术层面的无效，而是在假定产出不变的情况下，由规模无效带来的。且上述 6 市的规模报酬情况均为规模报酬递减，表明如追求更高产出的目标（进一步提升保险密度和保险深度），上述 6 市财政投入规模须相较之前有更大的提升。

第三，江门、惠州、汕头、潮州、揭阳、汕尾、云浮、韶关、清远、梅州 10 市既不具备技术有效也不具备规模有效。一方面，在规模报酬不变的条件下，上述 10 市的投入产出相对于 DEA 有效的城市而言存在产出不足，资源没有得到充分利用，即在既定投入水平下有进一步提升产出的可能；另一方面，在规模报酬可变的条件下，江门、惠州、汕头、揭阳、汕尾、云浮、韶关、清远、梅州 9 市表现为规模报酬递减，意味着上述 9 市表明如追求更高产出的目标（进一步提升保险密度和保险深度），财政投入规模须相较之前有更大的提升。潮州市则表现为规模报酬递增，意味着潮州市如增加农业保险投入规模将取得较大的产出效益。

表 7-2　效率分析结果

地区	城市	综合效率	纯技术效率	规模效率	规模报酬情况
珠三角	广州	0.444	1	0.444	递减
	佛山	1	1	1	不变
	东莞	1	1	1	不变
	中山	1	1	1	不变
	珠海	1	1	1	不变
	江门	0.398	0.744	0.535	递减
	肇庆	0.506	1	0.506	递减
	惠州	0.53	0.777	0.683	递减

（续）

地区	城市	综合效率	纯技术效率	规模效率	规模报酬情况
粤东	汕头	0.734	0.868	0.846	递减
	潮州	0.578	0.639	0.905	递增
	揭阳	0.354	0.812	0.436	递减
	汕尾	0.625	0.734	0.851	递减
粤西	湛江	0.381	1	0.381	递减
	茂名	0.511	1	0.511	递减
	阳江	0.736	1	0.736	递减
	云浮	0.583	0.796	0.733	递减
粤北	韶关	0.718	0.959	0.749	递减
	清远	0.47	0.849	0.554	递减
	梅州	0.54	0.947	0.57	递减
	河源	0.846	1	0.846	递减

7.2.2 技术效率及比较——产出不足与提升空间

模型还提供了关于投入产出的径向变量和松弛变量，即相关地市农业保险的各项投入及最终产出的数值，在评价效率的基础上，为改善效率提供解决方案，为系统优化提供科学依据。通过对技术效率不足的分解，可继续对未实现完全技术效率（技术效率＝1）的地市的产出不足做出解释。产出指标的径向变量和松弛变量代表既定投入水平下某一产出指标相对其在有效前沿面上投影的不足量。因此，本研究将继续对未实现完全技术效率的 10 个城市进行分析。

第一，江门市农业保险存在产出不足。表 7－3 的数据是基于 BCC 模型，技术无效的决策单元（江门市）经过移动达到最佳前沿面时投入的剩余量。江门市农业保险的投入产出并非 DEA 有效，综合效率仅为 0.398，表明相对于效率最高的城市，江门市用 39.8％的当前农业保险投入就能达到现有的产出水平。由产出径向变量可知，江门市农业保险密度有一定的潜在增长空间，相对于最优前沿面而言，农业保险密度可提高 81.196 元/人。

第二，惠州市农业保险存在产出不足。表 7－4 的数据是基于 BCC 模型，技术无效的决策单元（惠州市）经过移动达到最佳前沿面时投入的剩余量。惠

表 7－3　江门市农业保险的技术效率评价

指　　标	原始值	松弛变量	径向变量	预期值
第一产业产值（亿元）	274.480	0.000	0.000	274.480
农业保险深度	0.6%	0.000	0.000	0.6%
农业保险密度（元/人）	217.129	0.000	81.196	298.325
省级财政支持（万元）	3 709.569	−947.976	0.000	2 761.593
地市县财政支持（万元）	4 675.489	−1 194.815	0.000	3 480.673
第一产业就业人数（万人）	75.010	−19.169	0.000	55.841

州市农业保险的投入产出并非 DEA 有效，综合效率仅为 0.53，表明相对于效率最高的城市，用 53%的当前农业保险投入就能达到现有的产出水平。由产出径向变量可知，惠州市农业保险密度有一定的潜在增长空间，相对于最优前沿面而言，农业保险密度可提高 38.610 元/人。

表 7－4　惠州市农业保险的技术效率评价

指　　标	原始值	松弛变量	径向变量	预期值
第一产业产值（亿元）	219.090	0.000	0.000	219.090
农业保险深度	0.4%	0.000	0.000	0.4%
农业保险密度（元/人）	185.146	0.000	38.610	223.757
省级财政支持（万元）	2 850.326	−636.273	0.000	2 214.053
地市县财政支持（万元）	2 562.672	−572.061	−607.444	1 383.168
第一产业就业人数（万人）	45.200	−10.090	0.000	35.110

第三，汕头市农业保险存在产出不足。表 7－5 的数据是基于 BCC 模型，技术无效的决策单元（汕头市）经过移动达到最佳前沿面时投入的剩余量。汕头市农业保险的投入产出并非 DEA 有效，综合效率为 0.734，表明相对于效率最高的城市，用 73.4%的当前农业保险投入就能达到现有的产出水平。由产出径向变量可知，汕头市农业保险密度有一定的潜在增长空间，相对于最优前沿面而言，农业保险密度可提高 50.965 元/人。

表 7-5　汕头市农业保险的技术效率评价

指　标	原始值	松弛变量	径向变量	预期值
第一产业产值（亿元）	123.030	0.000	38.720	161.750
农业保险深度	0.2%	0.000	0.000	0.2%
农业保险密度（元/人）	33.077	0.000	50.965	84.042
省级财政支持（万元）	650.387	−86.145	−262.522	301.720
地市县财政支持（万元）	362.817	−48.056	0.000	314.761
第一产业就业人数（万人）	62.080	−8.223	−28.854	25.004

第四，潮州市农业保险存在产出不足。表 7-6 的数据是基于 BCC 模型，技术无效的决策单元（潮州市）经过移动达到最佳前沿面时投入的剩余量。潮州市农业保险的投入产出并非 DEA 有效，综合效率为 0.578，表明相对于效率最高的城市，用 57.8%的当前农业保险投入就能达到现有的产出水平。由产出径向变量可知，潮州市农业保险密度有一定的潜在增长空间，相对于最优前沿面而言，农业保险密度可提高 51.420 元/人。

表 7-6　潮州市农业保险的技术效率评价

指　标	原始值	松弛变量	径向变量	预期值
第一产业产值（亿元）	106.610	0.000	57.510	164.120
农业保险深度	0.1%	0.000	0.000	0.1%
农业保险密度（元/人）	23.678	0.000	51.420	75.098
省级财政支持（万元）	332.309	−119.894	−208.582	3.834
地市县财政支持（万元）	234.583	−84.635	0.000	149.948
第一产业就业人数（万人）	38.300	−13.818	−3.932	20.550

第五，揭阳市农业保险存在产出不足。表 7-7 的数据是基于 BCC 模型，技术无效的决策单元（揭阳市）经过移动达到最佳前沿面时投入的剩余量。揭阳市农业保险的投入产出并非 DEA 有效，综合效率为 0.354，表明相对于效率最高的城市，用 35.4%的当前农业保险投入就能达到现有的产出水平。由产出径向变量可知，揭阳市农业保险密度有一定的潜在增长空间，相对于最优前沿面而言，农业保险密度可提高 45.080 元/人。

表7-7　揭阳市农业保险的技术效率评价

指　　标	原始值	松弛变量	径向变量	预期值
第一产业产值（亿元）	204.400	0.000	0.000	204.400
农业保险深度	0.1%	0.000	0.000	0.1%
农业保险密度（元/人）	39.582	0.000	45.080	84.661
省级财政支持（万元）	641.633	−120.432	0.000	521.201
地市县财政支持（万元）	717.482	−134.668	0.000	582.813
第一产业就业人数（万人）	72.660	−13.638	−25.055	33.967

第六，汕尾市农业保险存在产出不足。表7-8的数据是基于BCC模型，技术无效的决策单元（汕尾市）经过移动达到最佳前沿面时投入的剩余量。汕尾市农业保险的投入产出并非DEA有效，综合效率为0.625，表明相对于效率最高的城市，用62.5%的当前农业保险投入就能达到现有的产出水平。由产出径向变量可知，汕尾市农业保险密度有一定的潜在增长空间，相对于最优前沿面而言，农业保险密度可提高14.026元/人。

表7-8　汕尾市农业保险的技术效率评价

指　　标	原始值	松弛变量	径向变量	预期值
第一产业产值（亿元）	159.640	0.000	0.000	159.640
农业保险深度	0.3%	0.000	0.000	0.3%
农业保险密度（元/人）	81.322	0.000	14.026	95.348
省级财政支持（万元）	1 161.292	−308.789	−168.608	683.895
地市县财政支持（万元）	719.272	−191.255	0.000	528.017
第一产业就业人数（万人）	50.770	−13.500	−6.438	30.832

第七，云浮市农业保险存在产出不足。表7-9的数据是基于BCC模型，技术无效的决策单元（云浮市）经过移动达到最佳前沿面时投入的剩余量。云浮市农业保险的投入产出并非DEA有效，综合效率为0.583，表明相对于效率最高的城市，用58.3%的当前农业保险投入就能达到现有的产出水平。由产出径向变量可知，云浮市农业保险密度有一定的潜在增长空间，相对于最优前沿面而言，农业保险密度可提高32.089元/人。

表 7-9　云浮市农业保险的技术效率评价

指　　标	原始值	松弛变量	径向变量	预期值
第一产业产值（亿元）	193.100	0.000	0.000	172.5
农业保险深度	0.6%	0.000	0.000	0.6%
农业保险密度（元/人）	184.322	0.000	32.089	178.377
省级财政支持（万元）	4 880.759	−997.047	−991.421	2 892.291
地市县财政支持（万元）	2 221.158	−453.741	0.000	1 767.418
第一产业就业人数（万人）	67.160	−13.720	0.000	53.440

第八，韶关市农业保险存在产出不足。表 7-10 的数据是基于 BCC 模型，技术无效的决策单元（韶关市）经过移动达到最佳前沿面时投入的剩余量。韶关市农业保险的投入产出并非 DEA 有效，综合效率为 0.718，表明相对于效率最高的城市，用 71.8%的当前农业保险投入就能达到现有的产出水平。由产出径向变量可知，韶关市农业保险密度有一定的潜在增长空间，相对于最优前沿面而言，农业保险密度可提高 27.510 元/人。

表 7-10　韶关市农业保险的技术效率评价

指　　标	原始值	松弛变量	径向变量	预期值
第一产业产值（亿元）	198.360	0.000	0.000	198.360
农业保险深度	0.7%	0.000	0.000	0.7%
农业保险密度（元/人）	266.976	0.000	27.510	294.486
省级财政支持（万元）	3 454.659	−140.380	−71.139	3 243.141
地市县财政支持（万元）	2 117.289	−86.036	0.000	2 031.254
第一产业就业人数（万人）	48.340	−1.964	0.000	46.376

第九，清远市农业保险存在产出不足。表 7-11 的数据是基于 BCC 模型，技术无效的决策单元（清远市）经过移动达到最佳前沿面时投入的剩余量。清远市农业保险的投入产出并非 DEA 有效，综合效率仅为 0.47，表明相对于效率最高的城市，用 47%的当前农业保险投入就能达到现有的产出水平。由产出径向变量可知，清远市农业保险密度有一定的潜在增长空间，相对于最优前沿面而言，农业保险密度可提高 26.743 元/人。

表 7-11　清远市农业保险的技术效率评价

指　　标	原始值	松弛变量	径向变量	预期值
第一产业产值（亿元）	297.970	0.000	0.000	297.970
农业保险深度	0.6%	0.000	0.000	0.6%
农业保险密度（元/人）	200.337	0.000	26.743	227.081
省级财政支持（万元）	4 954.208	−747.584	−265.345	3 941.278
地市县财政支持（万元）	2 985.468	−450.504	0.000	2 534.965
第一产业就业人数（万人）	93.950	−14.177	0.000	79.773

第十，梅州市农业保险存在产出不足。表 7-12 的数据是基于 BCC 模型，技术无效的决策单元（梅州市）经过移动达到最佳前沿面时投入的剩余量。梅州市农业保险的投入产出并非 DEA 有效，综合效率为 0.54，表明相对于效率最高的城市，用 54%的当前农业保险投入就能达到现有的产出水平。

表 7-12　梅州市农业保险的技术效率评价

指　　标	原始值	松弛变量	径向变量	预期值
第一产业产值（亿元）	244.960	0.000	0.000	244.960
农业保险深度	0.8%	0.000	0.000	0.8%
农业保险密度（元/人）	257.266	0.000	0.000	257.266
省级财政支持（万元）	6 067.236	−318.741	−674.688	5 073.807
地市县财政支持（万元）	3 622.375	−190.301	−403.240	3 028.834
第一产业就业人数（万人）	77.150	−4.053	0.000	73.097

7.2.3　主要原因与剖析——部分地市可继续优化

基于广东省 20 市（不含深圳）的截面数据（2020 年），利用 DEA 模型对各地农业保险的投入产出效率评价中可以看出，地方财政支持在推动农业保险实现高质量发展的同时，暴露出部分地市也存在一定的效率缺失问题，并且粤东、粤西、粤北落后地区在当前的财政支持下，保险密度和保险深度有更大的优化空间。具体而言，背后原因主要有以下三个方面。

第一，农业保险财政补贴存在资金滞后性。我国政策性农业保险保费补贴实行“联动”的“层层倒补贴”机制，即在农民保费收缴、省级财政和市县级财政的补贴到位以后，中央财政的补贴才会随之到位。这种补贴方式的设计初衷是为了调动地方财政的积极性，尽可能地多为农业保险的发展筹资，但在实践中出现诸多弊端。随着农业保险深度和密度的不断扩大，农业保险的财政资金支持需求拓宽，快速增长的保费补贴与有限的地方财政收入矛盾成为制约。

部分市县财政补贴出现资金困难的情况，甚至难以及时、足额地拨付到位，影响保险公司的经营核算和偿付能力，削弱了财政资金的使用效率，阻碍了政策性农业保险的持续发展，使得粤东、粤西、粤北部分市县农业保险高质量发展未能完全实现。

第二，地方财政支持能力有限。我国由中央和地方政府推行的“补贴联动”存在一定的不公平性。对于贫困县来说，政府对农业保险保费补贴的投入相对偏低，最终会导致经济发达地区农民得到的农业保险财政补贴比落后地区农民得到的财政补贴多。

近年来，我国农业保险覆盖范围不断扩大，纳入中央、地方各级财政补贴的险种也不断增加，各级政府财政负担不断加重，对于经济欠发达的粤东、粤西、粤北地区的地方财政而言压力极大，导致部分市县难以及时配套财政补贴。2020 年广东省 20 市平均 GDP 为 4 154.54 亿元，而农业保险技术效率未达最优的 10 市中，有 9 市当年 GDP 远低于全省平均水平，其中有 8 市属于粤东、粤西、粤北地区，进一步说明有限的地方财政支持能力更易导致财政补贴配套不足。

第三，中央、省级和市县财政补贴比例的结构有待优化。在《2018—2020 年广东省政策性农业保险实施方案》（以下简称《实施方案》）中，中央财政对其所划定险种的补贴在全省 20 市实施统一标准，而省级财政补贴的比例则区分了珠三角地区和非珠三角地区。具体表现为，在《实施方案》划定的补贴险种中，对珠三角地区不给予省级财政支持，而对非珠三角地区予以 30%～50%不等的财政支持。

我国采取的财政补贴联动的保费补贴方式决定了现有的保费补贴政策不利于贫困地区农业保险规模的扩大。地区经济差距所导致的地方政府财政实力悬殊，使得各地方政府财政支农取向和支持力度出现差异，致使农业保险保障水平出现地域差异。即经济发达的珠三角地区，农业发展和农民收入能得到较高的风险保障水平，而经济欠发达的粤东、粤西、粤北地区，其农业发展和农民收入却只能得到较低的风险保障，从而形成不公平的财政支出结果。因此，财政支持的补贴标准要结合广东省珠三角富庶、东西两翼不发达和粤北相对滞后的经济发展特点，给予各地区不同的保费补贴比例，对财政困难、农业产值比例大的地市适当提高中央和省级财政补贴比例，缩小地市差距。表 7－13 为 2018—2020 年广东省政策性农业保险的补贴标准。

表 7－13　2018—2020 年广东省政策性农业保险补贴标准一览表

险种	保险金额（元/亩、头、羽）	基础费率（每造、每年）	中央财政补贴比例		省财政补贴比例		市县财政补贴比例		农户自负
			珠三角	粤东西北、江门恩平、台山、开平	珠三角	粤东西北、江门恩平	珠三角	粤东西北、江门恩平	
水稻	800	4%	35%	35%	0	30%	45%	15%	20%
水稻制种	2 000	6%	35%	35%	0	30%	45%	15%	20%
玉米	500/800	5%	35%	35%	0	30%	45%	15%	20%
花生	800	5%	35%	35%	0	30%	45%	15%	20%
马铃薯	1 200	5%	35%	35%	0	30%	45%	15%	20%
甘蔗	800	5%	35%	35%	0	30%	45%	15%	20%
香蕉、木瓜	1 500	≤10%（15%）	0	0	0	50%	80%	30%	20%
荔枝、龙眼、柑橘橙柚	1 000	≤10%（15%）	0	0	0	50%	80%	30%	20%
能繁母猪	1 000	6%	40%	40%	0	35%	48.33%	13.33%	11.67%
仔猪	200	6%	40%	40%	0	20%	35%	15%	25%
育肥猪	800	2.5%	40%	40%	0	20%	35%	15%	25%
奶牛 1～3 岁	4 000	6%	40%	40%	0	30%	40%	10%	20%
奶牛 3～7 岁	8 000	6%	40%	40%	0	30%	40%	10%	20%
奶牛 7～8 岁	6 000	6%	40%	40%	0	30%	40%	10%	20%
家禽养殖	12	2%	0	0	0	50%	70%	20%	30%
家禽价格险	5	4%	0	0	0	50%	70%	20%	30%
简易大棚	3 000	6%	0	0	0	40%	60%	20%	40%
钢结构大棚	8 000	4%	0	0	0	40%	60%	20%	40%
地方特色险种	自定	自定	0	0	0	30%	自定	自定	自定

7.3　结果诠释：地方财政补贴下的农业保险发展规律

7.3.1　农业保险的高质量发展存在区域差异

DEA 模型的运行结果表明，地方财政补贴下的农业保险运行效果存在市县间差异特征。总体而言：①江门、惠州、汕头、潮州、揭阳、汕尾、云浮、韶关、清远、梅州10市的农业保险整体效率（规模效率和技术效率）不如其他城市，即这10个城市未来既可以通过加大地方财政补贴提高规模效率，也可通过地方财政补贴结构优化（降低市县配套，提升省级补贴）提高技术效率，进而提升农业保险密度和深度。②广州、肇庆、湛江、茂名、阳江、河源6市则是规模效率不如其他城市，即这6市须继续加大各级财政补贴，才能实现更高的农业保险密度和保险深度。

农业保险作为一种外溢性较差的软公共物品，在经济差距大的不同地区，政府对其必然会产生不同的偏好结果。在财政实力悬殊的前提下，发达地区的地方政府比落后地区的地方政府更有能力对农业保险提供较高的财政补贴，这种地方政府财政支出的偏差，产生了欠发达地区的财政补贴相对于发达地区有所不足，最终导致区域差异的问题。因此，需要省级财政给予欠发达市县更大的支持，以平衡区域间差异。

7.3.2 省级财政补贴具有联动市县补贴作用

结合省级补贴下农业保险投入产出效率和市县级补贴下农业保险投入产出效率分析结果可知，不管是从省级还是市县补贴角度来看，农业保险密度和深度未达最优的情况往往出现在同一个城市，这反映出省级和市县财政补贴之间存在高度联动性，省级财政补贴既有直接推动农业保险高质量发展的作用，又能联动市县调整补贴进一步提升地市农业保险密度和深度。

由此可见，为进一步提升广东省农业保险密度和深度，须合理利用省级财政补贴联动市县配套补贴，进而实现农业保险高质量发展。结合不同地市效率差异可知：①相对发达地市可加大省级财政补贴来联动市县加大补贴进而实现农业保险高质量发展；②欠发达市县则可通过提升省级补贴、降低市县补贴配套来实现农业保险高质量发展。

7.4 本章小结

基于广东省20市（不含深圳）的截面数据（2020年），利用DEA模型对各地农业保险在财政补贴下的投入产出进行效率评价。研究结果表明：

第一，部分相对落后市县既可以通过加大各级补贴力度，也可在维持现有财政支持规模基础上，通过调整省市二级财政补贴结构，实现欠发达市县农业保险的进一步高质量发展。具体而言：江门、惠州、汕头、潮州、揭阳、汕尾、云浮、韶关、清远、梅州 10 市，既可通过加大财政支持促进农业保险发展，也可在维持现有财政支持基础上，通过“降低市县配套，提升省级补贴”的结构调整，进而实现农业保险密度和深度的提升。

第二，部分农业保险投入产出纯技术效率已实现最优的城市，则须通过加大财政支持来推动农业保险的进一步高质量发展。具体而言：广州、肇庆、湛江、茂名、阳江、河源 6 市可通过继续加大各级财政补贴，来实现更高水平的农业保险密度和保险深度。

此外，模型整体投入产出比例也表明，省级财政资金的作用效果与使用效率较高，如能进一步释放和利用好省级财政结余资金，将推动全省农业保险密度和保险深度在原有基础上提升 8%～10%的比例。

第三部分　数字技术与农业保险供给侧高质量发展

第三部分为本书的第二个核心研究内容：以数字技术为切入点探讨如何从供给端实现农业保险的高质量发展。对于该问题的研究，本书主要从农业保险的主体之一——保险机构的角度展开分析，即探讨保险机构数字技术创新对农业保险供给侧高质量发展的影响机理。该部分的撰写目的主要有二：一是从理论上向读者解释数字技术为什么能够赋能农业保险进而推动高质量发展；二是利用广东省历年数据和广东人保的案例，从实证层面论证数字技术对农业保险供给侧高质量发展的作用。第三部分具体包括 3 个章节，核心内容为：第一，数字技术对农业保险供给侧高质量发展的影响机理；第二，数字技术对广东省农业保险的影响效应；第三，数字农险助推农业保险高质量发展的广东案例。

第 8 章为数字技术对农业保险供给侧高质量发展的影响机理，是本部分关注话题的理论解释，为后文实证分析形成支撑。首先，基于现状分析提出传统农业保险的市场痛点；其次，论述新时代数字技术快速发展的机遇；最后，从理论上剖析数字技术特点对解决传统农险痛点的作用。

第 9 章为数字技术对广东省农业保险的影响效应，是从宏观发展层面，利用广东省统计数据对本部分关注话题的实证检验。本章运用 2013—2020 年间广东省各市农业保险的各项数据构建 Tobit 和固定效应的面板模型分别检验保险深度、保险密度和数字技术之间的关系。以期论证，数字技术有助于提高保险深度和保险密度，进而促进农业保险高质量发展。

第 10 章为数字农险助推农业保险高质量发展的广东案例：广东人保“粤农保”，是从微观案例层面，利用广东人保的实践对本部分关注话题的进一步检验。首先，对广东人保推进数字化技术的实践做出介绍，形成分析背景；其次，对数字技术赋能农业保险的案例进行全面描述；再次，借鉴第 8 章的理论框架，对广东人保数字技术赋能农业保险的内在机理做出解释；最后，对案例进行总结，形成经验启示。

第 8 章　数字技术对农业保险供给侧高质量发展的影响机理

8.1　现状描述：传统农业保险的痛点

近年来，中国农业保险发展态势迅猛，农业保险发展呈现两大趋势。一是增长速度快。自 21 世纪以来，中国农业保险有了较快的发展。2021 年我国农业保险保费收入 976 亿元，同比增长 18.4%，跃居全球第一，为 1.88 亿次农户提供风险保障共计 4.78 万亿元。二是政策力度大。2019 年财政部等四部门联合印发的《关于加快农业保险高质量发展的指导意见》提出，到 2022 年，稻谷、小麦、玉米 3 大主粮作物农业保险覆盖率达到 70%以上，收入保险成为中国农业保险的重要险种，农业保险密度达到 500 元/人。尽管如此，现今我国农业保险的高质量发展仍然面临诸多问题，分析农业保险发展现状可知，传统农业保险主要存在以下市场痛点。

8.1.1　农险供给难以有效满足需求

在供给方面，农业保险呈现两点不足。一是保费低。当前我国推行的农业保险产品大部分仍是成本保险，遵循“低保障，广覆盖”的原则，其保额较低，只能涵盖物化成本，无法保障人工成本和土地成本，而收入保险等保障水平较高的保险尚没有全面推行。二是品种少。现今农业保险总体覆盖面偏低、补贴农业品种偏少、农险产品创新性不足，难以有效应对多样化的自然风险和市场风险（李冠洲，2021）。

在需求方面，多元化的农业经营主体差异导致农险产品的需求形态各异。在我国农业现代化蓬勃发展的当今，新型农业经营主体成长迅速，其对农险产品也产生了越来越多样化的需求。而现今，农业经营主体能够购买的农业保险种类偏少，能够获得的农险保费偏低，亟待农业保险产品的创新升级，以及农险机构提供充足的产品供给。

8.1.2 农险产品运营难度大成本高

一方面，农业灾害的发生具有不规则性、突发性、损失巨大等特点，特别是在当前极端异常天气明显增多和农业灾害多发重发，而商业再保险承接能力有限和巨灾风险分散机制缺失的形势下，随着覆盖面和保险金额的不断扩大，经办机构农险风险快速累积集中，承赔压力不断增加（李传峰，2012）。同时，保险产品承保到户、定损到户、理赔到户的基本监管要求，同样增加了农险产品的运营难度。

另一方面，我国农作物种植分布广泛，分散小规模经营数量庞大，该农业经营现状大大增加了农险产品运营的难度。此外，传统的农业保险业务只能人工开展，而农险运营的全流程涉及人工承保、人工查勘、人工理赔等多项繁重任务，同样给农险产品运营带来了高昂的运营成本。

8.1.3 农险服务与理赔效果不理想

一方面，农业保险市场存在逆向选择，即风险大的农户愿意投保，而风险小的农户选择不参加农业保险，从而使得保险公司按照总体损失率设定的费率不足以维持正常经营（张跃华等，2016）。同时，在这样的情况下，往往是勤快劳动、土地质量优渥的农业生产者获赔少，而生产懒惰、土地质量较差的农业生产者获赔多，严重影响农险服务理赔结果的合理性。

另一方面，投保人存在道德风险，农业保险的道德风险问题严重，不同的作物品种和养殖业品种表现形式并不相同。农户主动骗险，以及越是遇到风险，越不愿意生产自救的情况屡见不鲜。试举一例，如果没有投保，灾害发生后农户大多会采取措施降低损失，如果已经购买农业保险，农户则失去采取补救措施的动力，道德风险就出现了，这无疑会加大保险公司的理赔压力。

8.2 现实机遇：数字新技术快速发展

8.2.1 数字新技术的本质

在全球迈向数字经济时代的大背景下，数字新技术依托数字化信息和信息网络，通过与其他领域的紧密融合，为人类社会经济活动提供便利，提高了各个领域的运行效率（陈晓红，2018）。根据《新华日报》定义，作为一个技术体系，数字新技术主要包括大数据、云计算、物联网、区块链、人工智能五大技术。随着技术研发与应用的不断深化，五大技术逐渐构成一个有机整体，成为新时代社会经济发展的主要核心动力。

第一，大数据。随着互联网的发展，企业收集到的数据越来越多、数据结构越来越复杂，一般的数据挖掘技术已经不能满足大型企业的需要，这就使得企业在收集数据之余，也开始有意识地寻求新的方法来解决大量数据无法存储和处理分析的问题，由此诞生了“大数据技术”这一项新的技术名词（刘智慧等，2014）。大数据技术的应用特点被 IBM 概括总结为 5 个“V”，即 volume（大量）、velocity（高速）、variety（多样）、value（价值）和 veracity（真实）。该项技术的战略意义不在于掌握庞大的数据信息，而在于对这些含有意义的数据进行专业化的处理。

第二，云计算。该项技术是由网格计算发展而来的，前台采用用时付费的方式通过 Internet 向用户提供服务。云系统后台运用大量集群使用虚拟机的方式，通过高速互联网络互连，组成大型的虚拟资源池。这些虚拟资源可自主管理和配置。该技术用数据冗余的方式保证虚拟资源的高可用性，并具有分布式存储和计算、高扩展性、高可用性、用户友好性等特征（陈全等，2009）。云计算技术的出现被视为计算机网络领域的一次革命，对现今社会工作方式及商业模式的变革产生了重大影响。

第三，物联网。物联网思想产生于 20 世纪 90 年代末，伴随着信息技术的蓬勃发展及相关研究的不断深入，其思想内涵亦在不断变化。狭义上的物联网指连接物品到物品的网络，实现物品的智能化识别和管理；广义上的物联网则可以看作是信息空间与物理空间的融合，将一切事物数字化、网络化，在物品之间、物品与人之间、人与现实环境之间实现高效信息交互的方式，并通过新的服务模式使各种信息技术融入社会行为，是信息化在人类社会综合应用达到的更高境界（孙其博等，2010）。2021 年 9 月，工业和信息化部等八部门联合印发《物联网新型基础设施建设三年行动计划（2021—2023 年）》，对我国初步建成物联网新型基础设施目标任务作出了明确规定。

第四，区块链。区块链的概念首次见于中本聪发表的《比特币：一种点对点式的电子现金系统》一文，其可实现性已经被自 2009 年运行至今的比特币所证明（沈鑫等，2016）。狭义区块链是按照时间顺序，将数据区块以顺序相连的方式组合成的链式数据结构，并以密码学方式保证的不可篡改和不可伪造的分布式账本；广义区块链技术是利用块链式数据结构验证与存储数据，利用分布式节点共识算法生成和更新数据，利用密码学的方式保证数据传输和访问的安全、利用由自动化脚本代码组成的智能合约，编程和操作数据的全新分布式基础架构与计算范式。该项技术也被认为是继大型计算机、个人计算机、互联网、移动社交之后的又一次颠覆式计算范式。

第五，人工智能。人工智能是研究、开发用于模拟、延伸和扩展人的智能的理论、方法、技术及应用系统的一门新的技术科学。该项技术的发展是建立在对大数据存储、分析和运用的基础上，通过集合大量有效数据信息，从中筛选出有价值的数据进行分类、标记，为复杂算法模型的“训练学习”提供支持，从而催生更多元化的人工智能产品，进一步驱动人工智能的精准布局和技术推广。随着数字化新技术的不断发展，人工智能在计算机领域内得到了愈加广泛的重视，并在机器人、经济政治决策、控制系统、仿真系统中得到广泛应用。

8.2.2 数字新技术在农业保险中的应用

近年来，数字新技术的井喷式发展为推动经济快速增长提供了强大的驱动力，使得社会生产生活中的各种新模式、新业态、新产业不断涌现。技术变革在推动社会经济不断转型升级的同时，也给农业保险的精细化、高效化、智能化发展带来了全新的机遇。纵观数字新技术在农业保险领域的应用实践，其突出成效得益于以下主要技术特点。

第一，去中心化和去信任化。作为数字新技术典型代表之一的区块链技术，其核心优势是具备去中心化和去信任化的应用特点。区块链中所有节点通过共识机制来制定规则，节点间的交易无需中心化机构的存在，也不用相互信任作为基础。该技术通过运用数据加密、时间戳、分布式共识和经济激励等手段，在节点无需互相信任的分布式系统中实现基于去中心化信用的点对点交易、协调与协作，从而为解决中心化机构普遍存在的高成本、低效率和数据存储不安全等问题提供了解决方案（袁勇等，2016）。以上技术特点使得区块链技术不仅可以成功应用于数字加密货币领域，在经济金融中也存在着广泛的应用场景，其中农业保险与数字技术的结合便是现今突出的发展趋势。

第二，智能合约和大数据化。大数据技术与不同行业的不断融合发展，衍生出了诸如互联网金融等多种产业新业态。而在农业产业当中，农业数据大多由结构化数据和非结构化数据构成，其特点是数据量大、涵盖领域广、数据类型多，属于典型的大数据（李秀峰等，2014）。在此情况下，利用数字技术大数据化的应用特点来整合农业信息，借助区块链的智能合约来便捷交易流程，不仅可以为农业保险高质量发展带来革命性进展，还可以促进农业产业的整体进步。

第三，不可篡改和可追溯性。作为一种分布式账本技术，区块链技术还具有可追溯性、不可篡改性等特征，其公开透明的技术特点，可以为提高农险交易信息透明度及保障程序规范性提供新的解决思路。区块链“多方共识、信息共享”的技术特征，使其能够充当农险运营当中的信任连接器，让每笔农险资金流转数据都不可篡改，所有交易信息公开透明且可追溯查询，做到让农险供需双方可以追踪每一项业务所对应的保单及理赔状况，更好地保障农险业务有序开展。

8.3　影响机理：数字新技术赋能农业保险

图8-1为数字新技术赋能农业保险的工作机理。

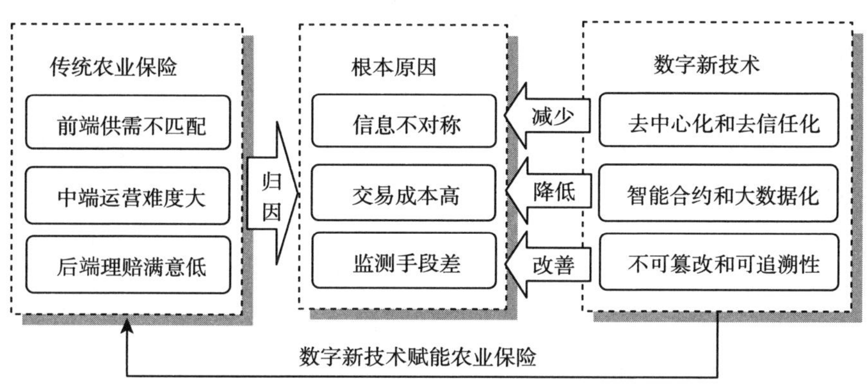

图8-1　数字新技术赋能农业保险机理图

8.3.1　数字新技术有助于解决前端产品供需问题

由前文分析可知，传统农业保险的市场痛点之一在于农险产品难以有效满足需求。农业保险市场通常以保险机构为中心，通过“一对多”模式为中小农企及农户提供产品服务。由于农村地区基础设施相对落后，而农险需求客户群体庞大，传统农险业务的开展往往环节冗长、流程复杂、成本高昂，使得供给效率低下，需求难以满足。究其根源，农业保险前端产品供需不匹配的问题实质在于信息不充分下的供需失衡。对此，数字新技术能够为解决农险前端产品问题提供工具。

第一，利用区块链去中心化的优点来搭建大型、低成本的去中心化区块链平台，不需要传统的物理实体中介来搭载金融资源与服务，既能实现农业保险服务全覆盖，又能降低实体中介搭建成本和运营成本（张献，2021），同时可以为农险机构针对不同保险受众开发个性化产品提供点对点的信息依据。

第二，在区块链账本上，去信任化特点使得相关机构无需对农险客户进行详尽调查，只需通过共识机制建立节点间的信任，有效整合共享农险交易信息，并利用非对称加密和冗余式分布存储实现信息安全（陈晓红，2018），破除供需双方信息壁垒，同时降低人力、物力等成本的投入。

因此，为有效解决农业保险运营前端存在的问题，可利用数字新技术通过点对点技术实现去中心化和去信任化，获取保险需求端有效信息，并通过智能专家、数据挖掘等开发出差异化、有针对性的产品以满足需求。

8.3.2 数字新技术有助于解决中端业务运营问题

由前文分析可知，传统农业保险的市场痛点之二在于人工承保、查勘、理赔成本高。农业保险服务大多面临信息内容庞杂、服务对象个性化需求强烈的现实考验，传统农业保险的数据收集及合约签订方式难以高效满足服务要求。究其根源，农业保险中端产品运营成本高的问题在于数据不足、技术缺乏下的信任缺失。对此，数字新技术能够为破除农险中端运营困境创造条件。

第一，通过应用区块链技术的核心构成要素——智能合约，即由事件驱动的、具有状态的、运行在可复制的共享区块链数据账本上的计算机程序（袁勇等，2016），农业保险可以实现自动赔付。一旦检测到农业灾害，系统会自动启动赔付流程，赔付效率大幅提高，极大激发了农企和农户的参保热情。

第二，利用数字技术打造农业保险大数据平台，引入遥感和无人机航拍、地理信息系统、北斗定位系统等地理空间信息技术，整合基础地理信息、标的信息、标的权属信息、农户信息等基础数据（刘婧，2021），有效降低传统农险运营中人工查勘等环节的高昂成本。

第三，探索“AI+农险”模式，利用人工智能技术智能化、自动化、精确性的特点，将其应用于农业保险领域，将对保险产品定价、精准营销、高效理赔、智能服务等保险运营流程的多个方面带来极大便利。

因此，为有效解决农业保险运营中端存在的问题，可在通过分布式账本获取去中心化、去信任化大数据的基础上，通过数字新技术的智能合约手段、大数据化平台，提供一条重构农业保险信用机制的低成本路径。

8.3.3　数字新技术有助于解决后端理赔服务问题

由前文分析可知，传统农业保险的市场痛点之三在于农险理赔供需双方的满意度低。在传统农险服务中，由于农业保险本身的非市场化运作、保险标的查勘的难度较大以及保险本身内控制度不健全等因素，农业保险理赔失当、客户维权失据、农企农户骗保频发等现象突出。究其根源，农业保险后端理赔服务效果不理想的问题在于监测手段差引起的逆向选择和道德风险。对此，数字新技术能够为完善农险后端理赔服务贡献对策。

第一，利用区块链技术的不可篡改和可追溯性特征赋能农业保险，使每一笔农险服务资金的审批流程全部上链，从而让每个项目环节的开展都有凭证、有依据，为农险服务的过程监测及后期理赔提供便利。

第二，加快农业保险线上和线下融合发展，推动客户向线上化引流，实现农户电子化投保和自助查询，积极探索运用 OCR 图像识别、电子签名等技术，探索推进非现场验标和查勘服务模式，实现操作流程的可追溯，保障信息安全，降低理赔运营风险。

第三，加快推进卫星遥感及无人机辅助查勘定损，提升承保理赔工作效率和精准性。同时，开展农业保险新技术应用的前瞻性研究及试点推广，加大 DNA 和畜脸识别等牲畜个体识别、人工智能点数和估重等新技术应用力度，逐步实现业务管理精细化、承保理赔标准化、服务工具便捷化（刘婧，2021）。

因此，为有效解决农业保险运营后端存在的问题，可利用数字新技术通过非对称加密、共识机制等实现数据安全、信息不可篡改和可溯源性，利用遥感技术等获得客观信息，有效控制市场失灵，进而提高理赔和服务效果。

第9章 数字技术对广东省农业保险的影响效应

9.1 广东省发展数字农险的背景

第一，广东省为作为全国重要的现代农业大省，农业灾害事故频发且市场风险较大，亟待发展农业保险以提供支持和保障。广东省是全国主要粮食产地之一，也是粤港澳大湾区“菜篮子”“米袋子”“果盘子”系列民生工程基地之一，广东省的现代农业发展也走在了全国前列，对全国农业发展和保障国家粮食安全起着重要作用。与此同时，广东省农业灾害事故频发，自然灾害种类多、分布广，台风、暴雨、洪涝发生频率高、强度大，广东省每年因自然灾害造成的经济损失平均达500亿元，其中农业经济损失达200亿元。农业保险作为分散农业生产经营风险的重要手段，为农民灾后恢复生产和灾区重建提供了及时有效的保障，也对推进广东省现代农业发展、促进乡村产业振兴、改进农村社会治理、保障农民收益等具有重要作用。2020年6月由广东省财政厅等部门印发的《关于大力推动农业保险高质量发展的实施意见》，在制定农业保险高质量发展措施的同时明确提出“到2022年，基本建成功能完善、运行规范、基础完备，与我省农业农村现代化发展阶段相适应、与农户风险保障需求相契合的多层次农业保险体系”的整体发展目标。与此同时，2022年1月广东省提出《广东省人民政府办公厅关于金融全面支持乡村振兴的实施意见》，进一步强调了农业保险在乡村振兴中的作用，以及推进农业保险高质量发展的现实意义。可见，如何推动广东省农业保险高质量发展路径，为农业现代化发展保驾护航，进而实现广东省乡村振兴，是值得研究且具有重要意义的现实问题。

第二，数字技术已成为当前经济发展的新动能，同时农业保险的业务特性以及新冠疫情防控带来的各种变化和挑战决定了农业保险线上化、数字化发展成为必然趋势。2019年农业农村部中央网络安全和信息化委员会办公室印发

《数字农业农村发展规划（2019—2025年）》指出，在今后的一大段时间，随着数字经济发展的加速推进，各行各业都在紧紧围绕着“数字化”进行投资发展。2021年中央1号文件首次提出“发展农村数字普惠金融”，务求推进数字金融在农村地区的发展。农业分布广而散的特点导致线下农业保险的推广复杂困难，点多面广、数量巨大，空间分布分散且各地条件不一致导致农业经营者需要多元的农业保险。2020年新冠疫情暴发，人员接触不便，各行各业对于线上化、无接触服务的需求呈暴发式增长，农业保险也包含在其中。从农险客户的角度来看，农险客户与保险公司的黏性不高，保险实时购买、快速出单、一键理赔、电子单证查看、电子签名等移动自助承保理赔服务功能亟待实现。农业保险也因为风险的不确定性，面临各种各样的问题。如种植险具有标的范围广、种植分散等特点，面临着风险管理效率不高和经营成本高等问题；养殖险在承保、理赔和服务方面面临着时效性强、人力成本高、道德风险大等突出问题。与此同时，在政策上，银保监会发文要求财险业两年内车险、农险等线上化率达到80%以上。数字技术在提高农村居民金融可得性的同时，也为解决农业保险发展面临的难题提供了契机。数字技术在农业保险行业的应用步伐正在不断加快，广东省更是大力推进“互联网+农业保险”深度融合，鼓励创新农业保险产品和承保理赔方式，从而简化流程、节省成本、增进效率。因此，农险数字化、线上化不仅契合市场需求，又符合监管要求，还是实现农业保险高质量转型发展的需要。

第三，改革创新是广东农险发展的必由之路，广东省可以凭借广东数字技术的发展优势走出一条具有广东特色的农业保险数字化发展之路。近两年广东农险风险保障金额年均增速80%，作为农业大省，无论是在农作物产量、农产品种类，还是农业主体规模等方面，广东均取得了突破性的进展。数字农险作为农业保险发展的高级形态，以农业全产业链的数字化信息为生产要素，以数字技术为核心驱动力，以物联网、大数据、人工智能、区块链和所有基于互联网的服务为重要载体，对农业对象、环境和全过程进行可视化表达、数字化设计、信息化管理，是《数字乡村发展战略纲要》的重点任务，也是广东推动农业保险高质量发展的重要方式。随着乡村振兴的不断推进，农业经营者面临的风险不断加大，急需高质量农业保险来分散农业风险，保障农业平稳发展以助推农业农村现代化发展。未来广东农业发展将以数字农业作为优先发展方向，着力构建农业农村数字资源体系，着力推进重要农产品全产业链大数据建设，把互联网、大数据、遥感、人工智能等现代信息技术广泛应用于农业发展全过程，同时与农业保险相联系，根据特定农业产业打造农业保险，数字化分析农业面临风险的高低，并实现线上赔付，减少线下成本，提升赔付效率，增大农险覆盖面，提高农业保险效果，走出一条具有广东特色的农业保险数字化发展之路。

9.2 广东省数字农险的发展现状

第一，广东发展数字农业保险具有良好的基础条件和经济、技术优势。广东作为改革开放的排头兵、先行地、实验区，发展数字农业保险具有产业、市场、科技、环境等多方面优势。农业资源优越、配套设施完善，拥有坚实的发展基础。广东农产品资源丰富，荔枝、龙眼、菠萝、香蕉占全国“半壁”以上，农业产业经营效益比较高，有利于农业新技术的推广应用。而且广东数字产业发达，数字经济规模超 4 万亿元，占全国 13.6%，居全国首位；信息基础设施齐备，共建成 5G 基站 21 473 座，居全国第一，20 户以上自然村光网平均覆盖率 92.1%，位居全国前列；农业科技创新实力全国领先，拥有强大的创新驱动力。全国 4 个国家级现代农业产业科技创新中心，广东就有 1 个（广州国家现代农业产业科技创新中心）。农业科技进步贡献率 68%，而且广东依托粤港澳大湾区的人才集聚优势，有丰富的智力资源和技术储备可供开发。经济实力雄厚、数字治理能力领先，拥有良好的发展环境。广东作为全国第一经济大省，为发展数字农业保险提供了有力的经济支撑。

第二，广东农险探索数字化道路成效初显，当前已实现各流程数字化、线上化。人保财险广东分公司作为广东农险市场最大的保险主体，创建了“粤农保”农业保险数字化平台，打造了“3S 技术＋气象＋保险”的广东农险模式，当前已实现各流程数字化、线上化。由此也推动人保财险广东分公司实现市场份额超 60%，每年公司承保理赔覆盖约 2 万个行政村，年均承保和理赔的农户约 600 万户次。在农村信息化水平不足的条件下，每年需解决分散到各个村落的 1 700 多万亩水稻、水果、蔬菜及超 800 万头猪等畜禽的真实空间分布和精准承保难题，以及解决广东台风暴雨大面积灾害的快速理赔服务难题，高效服务农户，保障广东农产品安全。人保财险广东分公司积极推动 3S、云计算、移动互联等技术在农业保险上的应用，通过大数据与硬核技术的深度融合，结合人保财险广东分公司农险业务场景，建立服务广东省农业大数据及农业保险风险管理的 AI 数字农业综合服务平台。

第三，目前广东农业保险企业主要通过构建农险防灾任务监控调度管理体系、按图承保和按图理赔全线上化应用、天空地一体化遥感应用提高大数据分析技术、保源分布一张图摸清标的信息及财政补贴流向一张图明晰财政补贴五个方面将农业保险数字化。首先，构建农险防灾任务监控调度管理体系：建立全省农险防灾任务地图调度平台，合理配置卫星遥感，无人机航拍，灾害应急人员等调用，实现内外部人员轨迹、作业区域、影像等信息的在线监管，帮助保险公司实现可视化风险管理和核心风险点控制；其次，按图承保和按图理赔全线上化应用：实现公司农险业务按图承保和按图理赔的模式，有效提高合规性，同时在疫情防控期间，全线上化业务工作在保证正常业务开展的同时，避免了大量的面对面工作，为疫情防控期间的业务开展，提供了强有力的技术支撑；再次，天空地一体化遥感应用提高大数据分析技术服务农业保险的能力：天空地一体化功能将自动化分析、自动切片、自动渲染功能结合，实现了基于遥感数据的快速作物识别、灾害分析、影像分析、地块分析功能，有效提高了遥感技术服务农业保险的时效性、准确性；然后，保源分布一张图摸清标的信息：建立保源分布一张图，摸清各种植险、养殖险标的分布、承保数量、客户分布、出险原因和数量，为承保展业提供客观、翔实的数据支撑，降低农业承保风险成本，主动式防灾减损，建立一个健全完善、健康持续的农业保险综合支撑体系；最后，财政补贴流向一张图明晰财政补贴：建立财政补贴流向一张图，实现各级机构各级政府的补贴信息，以及各级机构各险种的出险、赔付信息的流向可视化分析，有效提高了信息透明度和合规性，以及服务政府监管的能力。

第四，广东省数字农险服务升级跨越，将服务延伸至国土、广东农业、金融行业等多个领域。AI 数字农业综合服务平台采集的农作物分布数据，已作为专题数据提供给国土测绘部门使用，实现数据使用双向互惠，开拓国土测绘部门采集国情地表覆盖数据渠道并提升便捷性，节省测绘部门的成本。平台已于 2020 年 11 月 28 日落地服务韶关农业农村局，利用数字农业平台，向农业主管部门提供农业大数据服务，向关乎社会民生的农产品安全领域，提供农产品安全溯源服务，以及农业生产全流程防灾减灾服务，持续推进数字农业的高质量发展。

9.3 数字技术对广东省农业保险高质量发展的影响：面板数据模型

本章核心目的是研究数字技术对广东省农业保险高质量发展的影响，将通过农业保险深度和密度衡量农险质量，主要收集2013—2020年广东省20个地市的农业保险收入以构建面板数据模型进行分析，样本数据具有一定的广泛性和代表性。

9.3.1 模型设定

由于保险深度的取值在0～1、保险密度则是一般连续型数据，且样本选择为广东省20个地市从2013—2020年的相关数据。故本研究将分别通过Tobit模型和固定效应的面板模型对保险深度、保险密度和数字技术之间的关系进行实证分析。模型的回归分析用Stata软件完成，结果较为直观准确。所选择的面板回归模型如下：

$$y_{it} = \beta_0 + \beta_i x_{it} + \sum_i^n \beta_i x'_{it} + \varepsilon \tag{9-1}$$

$$i \in N,\ 1 \leqslant i \leqslant 20$$

$$t \in N,\ 2013 \leqslant t \leqslant 2020$$

式（9-1）为一般的多元回归模型方程，β_0表示方程的截距项，即所有样本共有的特征。自变量x是核心解释变量，下标i和t分别表示变量在i城市第t年的取值。β是核心解释变量的系数，反映其和因变量之间的关系。$\sum_i^n \beta_i x'_{it}$项概括了其余控制变量对因变量的影响。方程最后一项ε包含了除控制变量外其他所有的不可观测的随机影响因素。

9.3.2 方法与变量

9.3.2.1 数据说明

本研究根据前人的研究以及实地访谈经验，将每个变量都细化为1～2个可测量指标（表9-1）进行数据收集，原始数据来源于广东省财政厅、保险公司内部、《中国保险年鉴》以及《广东农村年鉴》。

本章收集2013—2020年的广东省农业保险收入（百万元）、农林牧渔生产总值（亿元）、农林牧渔就业人数（万人）、数字技术、乡镇人口数（百万人）、人均纯收入（万元/人）、地区生产总值（万亿元）、受灾面积（千公顷）、农业损失（千万元）的数据。

表 9-1　变量与指标说明

变量类型	变量名称	衡量指标
被解释变量	保险深度	农业保险收入/地区第一产业产值
	保险密度	农业保险收入/农林牧渔业就业人数
核心解释变量	数字技术	北京大学数字普惠金融指数的地市数字化程度指数
控制变量	乡镇人口数	各地市年度农村人口数（百万人）
	人均纯收入	农村居民人均纯收入（万元/人）
	地市经济发展水平	地区生产总值（万亿元）
	农业损失	农业损失（千万元）
	农业受灾水平	年度农作物受灾面积（千公顷）

9.3.2.2　变量选取

实证分析主要运用了以下 3 个变量：关于农险质量的状况，较为直观的衡量指标就是农险收入。但是高的农险收入体现不出不同经济规模、不同人口规模的地区差异，所以本研究将农险质量细化为 2 个变量进行分析，分别为保险深度和保险密度。作为因变量的农业保险深度，农业保险深度＝农业保险收入/地区第一产业产值，地区第一产业生产总值等于农林牧渔生产总值的汇总；作为另一个因变量的农业保险密度，农业保险密度＝农业保险收入/农林牧渔业就业人数。核心解释变量数字技术，由于数字技术属于新兴领域，目前学术界关于该指标的测度仍处于初探阶段，仍未有统一的度量标准。北京大学数字普惠金融指数衡量了数字技术在农村金融中的覆盖广度、使用深度以及数字化程度，本文使用该指数体系下的地级市数字化程度指数来衡量广东 20 地市 2013—2020 年数字技术发展水平。

其他对保险深度密度有影响的控制变量分别选定如下。一是乡镇人口数。因为乡镇人口数越多，农业保险就可能有更大的潜在需求量，岳琳琳（2021）的研究证明农村人口数量对农业保险需求有显著促进作用，因此本书将农村人口数量作为控制变量，以各地市年度农村人口（百万人）数作为衡量指标。二是人均纯收入。根据凯恩斯的消费理论，消费水平与人均纯收入存在着稳定的正相关函数关系；黄荣哲（2019）实证研究结果表明农村居民人均可支配收入是影响农业保险需求的重要因素之一。因此，本章以农村居民人均纯收入（万元/人）作为控制变量加入模型。三是地市经济发展水平。蒲娟等（2017）

通过分析新疆 2008—2013 年 25 种作物的面板数据，发现经济水平的发展对农业保险效率有正向的促进作用，因此本书将各地市经济发展水平作为控制变量，以各地区生产总值作为衡量指标加入模型。四是农业受灾情况。广东省气候条件复杂多变，农业灾害频发且灾害损失巨大，每年都会因各种自然灾害及各种病虫害等而遭受巨大损失，这会使广东省农户成为风险规避者，从而更多地购买保险。根据王洪波（2017）研究，农业受灾损失、农业保险赔款的经历会对农业保险需求产生正向促进作用。因此，本书将农业受灾水平作为研究的控制变量，以年度农作物受灾面积（千公顷）和农业损失（千万元）作为农业受灾水平的衡量指标。

9.3.3 初步统计分析

9.3.3.1 变量的描述性统计

表 9-2 报告了 2013—2020 年广东省 20 个地级市的保险深度、保险密度、数字技术以及其他控制变量的描述性统计数据。保险深度的平均值为 0.293，保险收入占广东省第一产业产值一定的比例；保险深度取值在 0～1 之间，最小值为 0.007 67，最大值为 0.936，可以采用 Tobit 模型进行回归分析。保险密度的均值为 91.49 元/人，其最小值仅为 0.589 元/人，最大值为 413.8 元/人；标准差较大，说明各地市间人均保险收入差距较大，分布不稳定。我们以广东省 20 个地市为研究对象，考虑到各地市的人口素质等不可观测的特质因素有一定的固定性，因此对于保险密度的模型可以构建固定效应的面板模型进行分析。

表 9-2 描述性统计

变量名	样本量	均值	标准差	最小值	最大值
保险深度	160	0.293	0.233	0.007 67	0.936
保险密度	160	91.490	82.920	0.589 00	413.800
数字技术	160	241.600	48.810	144.400 00	320.600
乡镇人口数	160	3.435	1.493	0.433 00	6.919
人均纯收入	160	1.735	0.649	0.877 00	3.883
地区生产总值	160	0.348	0.457	0.060 20	2.502
受灾面积	160	24.950	65.530	0	535.100
农业损失	160	47.920	119.000	0	1 069.000
农机服务组织	160	113.600	202.500	0	1 159.000

9.3.3.2 散点图分析

图 9－1 和图 9－2 分别为保险深度和保险密度与数字技术的散点图以及线性拟合图。从图 9－1 中可知，保险深度和数字技术总体上呈现正相关关系，且散点的分布在每个数字化程度指数上有着类似的分布，即满足同方差假设。在对 2019 年河源市的密度、深度测算时，数据出现了一点偏差，采用线性插值法（根据 2013—2020 年河源市保险深度值，线性拟合 2019 年河源市的保险深度）修正该值。如图 9－2 所示，保险密度与数字技术总体上也呈现正相关关系，但是在数字化程度指数较大时，散点分布得较为分散，可能是误差项的方差较大所导致。即在保险密度对数字技术的回归函数中，误差项有异方差问题。

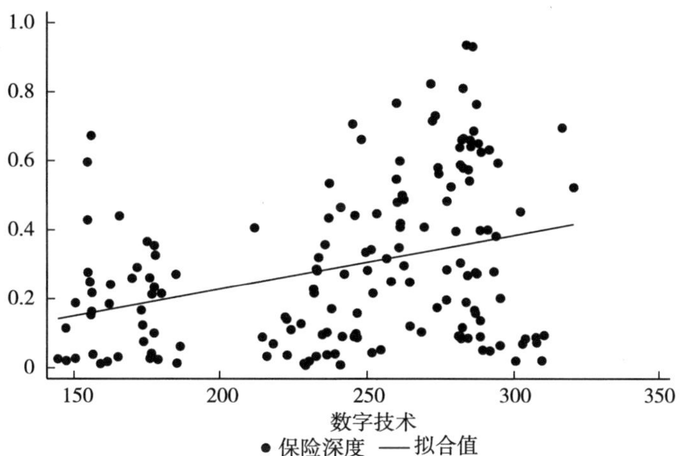

图 9－1　保险深度对数字技术的散点图及线性拟合线

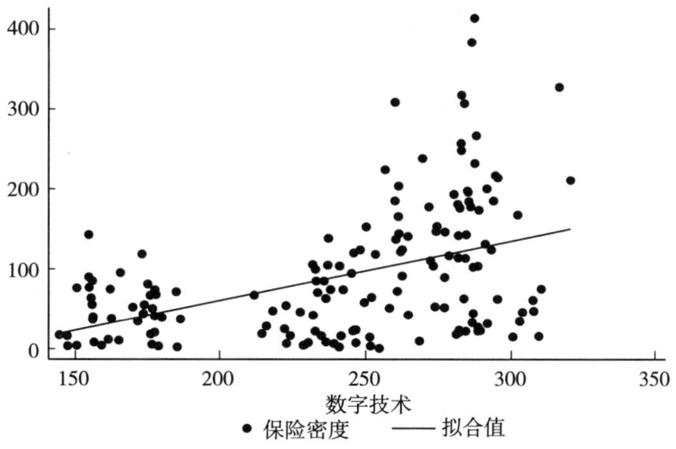

图 9－2　保险密度和数字技术的散点图及线性拟合线

9.3.4 检验诊断

9.3.4.1 多重共线性检验

为检验模型是否存在多重共线性，本章通过查看方差膨胀因子（*VIF*）的方法进行检验。具体检验标准如下：以 10 作为判断边界，当 $VIF<10$ 时，可以认为不存在多重共线性；当 $10\leqslant VIF<100$ 时，存在较强的多重共线性；当 $VIF\geqslant 100$ 时，模型存在严重多重共线性。通过表 9-3 可以看到，*VIF* 值最大为受灾面积的 4.10，小于 10，所以可以判定所选变量之间不存在多重共线性。

表 9-3 *VIF* 检验

变量	*VIF*	1/*VIF*
受灾面积	4.10	0.243 827
农业损失	3.32	0.300 811
人均纯收入	2.82	0.355 015
地区生产总值	2.32	0.431 693
乡镇人口数	2.07	0.483 616
数字技术	1.60	0.624 859
平均 *VIF*	2.70	

9.3.4.2 Hausman 检验

利用 Hausman 检验可以确定面板模型选择固定效应面板还是随机效应面板，首先估计保险密度的固定效应模型，利用 Stata 进行回归并存储结果。然后估计随机效应模型，同样进行回归并存储结果。最后进行 Hausman 检验，Hausman 检验量为：$H=(b-B)'[\mathrm{Var}(b)-\mathrm{Var}(B)]-1(b-B)\sim x2(k)$，Hausman 统计量服从自由度为 k 的 χ^2 分布，如表 9-4 所示，检验的 P 值为 0.000 0，表示选取固定效应模型对保险密度进行分析，所获得样本的特征应该与选择固定效用模型一致。

表 9-4 Hausman 检验

	(*b*) fe	(*B*) re	(*b*−*B*) Difference	sqrt (diag (V_*b*−V_*B*)) S. E.
数字技术	0.108 871 4	0.485 784 6	−0.376 913 3	0.099 593 6
乡镇人口数	21.410 53	18.704 23	2.706 298	16.711 54

（续）

	(*b*) fe	(*B*) re	(*b*−*B*) Difference	sqrt (diag (*V*_*b*−*V*_*B*)) S. E.
人均纯收入	81.273 4	34.264 51	47.008 89	14.206 35
地区生产总值	10.091 56	−40.786 95	50.878 51	59.326 77
受灾面积	−0.255 776 6	−0.204 851 1	−0.050 925 5	.
农业损失	0.025 624 8	0.022 624 6	0.003 000 2	.
	卡方检验 chi2 (6)			93.03
	Prob>chi2			0.000 0

9.3.5　实证分析与稳健性检验

本研究采用最小二乘法（OLS）估计数字技术对保险深度的 Tobit 模型，以及数字技术对保险密度的固定效应面板模型。估计结果见表 9－5。

9.3.5.1　建立数学表达式

对保险深度建立 Tobit 模型的基本表达式为：

$$Dep_{it}=\beta_0+\beta_1 DT_{it}+\beta_2 pop_{it}+\beta_3 GNI_{it}+\beta_4 GDP_{it}+\beta_5 disaster_{it}+\beta_6 agloss_{it}+\varepsilon \quad (9-2)$$

$$Dep_{it}=Dep_{it}，0<Dep_{it}<1$$
$$Dep_{it}=0，Dep_{it}\leqslant 0$$
$$Dep_{it}=1，Dep_{it}\geqslant 1$$

其中，β_0 表示截距项，Dep_{it} 表示保险深度，DT_{it} 为使用地级市数字化程度指数来衡量的数字技术，pop_{it} 是乡镇人口数（百万人），GNI_{it} 表示人均纯收入（万元/人），GDP_{it} 表示地区生产总值（万亿元），$disaster_{it}$ 和 $agloss_{it}$ 分别表示受灾面积（千公顷）和农业损失（千万元），下标 i 和 t 分别表示变量在 i 城市第 t 年的取值，ε 是没有观测到的随机误差项。

对保险密度建立固定效应面板模型的基本表达式如下：

$$\ln DEN_{it}=\alpha_0+\alpha_1 DT_{it}+\alpha_2 pop_{it}+\alpha_3 GNI_{it}+\alpha_4 GDP_{it}+\alpha_5 disaster_{it}+\alpha_6 agloss_{it}+\varepsilon_1 \quad (9-3)$$

其中，α_0 表示截距项，DEN_{it} 表示保险密度，取对数减少误差项可能存在的异方差问题及其带来的影响，控制变量和式（9－2）一样，ε_1 同样表示没有观测到的误差项。

9.3.5.2 估计结果分析

第一，从表 9-5 可知，数字技术对保险深度和保险密度的影响路径不同，从显著变量的数值结果来看，显著影响保险深度的因素要少于影响保险密度的因素。

第二，在两个模型中，数字技术对保险深度和保险密度的影响分别在 1%和 5%的水平上显著，且系数均为正，与之前散点图的线性拟合线一致，分别为 0.003 和 0.006，这表明，数字技术每提高 1 个单位，将引起保险深度提高 0.003，保险密度增加 0.006。即数字技术的发展确实会带动广东省农业保险密度和保险深度的提升，进而推动广东省农业保险的高质量发展。

第三，人均收入对保险深度和保险密度的影响也是显著的，农户人均收入越高，农户购买保险的意愿就越大，从而增加了农险收入，这也是人均收入正向影响保险密度的原因。而人均收入和保险深度呈负相关关系是因为第一产业人均收入高意味着该地区第一产业生产总值高，而第一产业生产总值对保险深度的影响较大，且是负相关的，所以在保险深度模型中，人均收入的系数小于 0。

表 9-5 保险深度和保险密度对数字技术的回归结果

变量	Tobit 模型保险深度	固定效应的面板模型保险密度
数字技术	0.003*** (7.24)	0.006** (2.97)
乡镇人口数	−0.003 (−0.17)	0.190 (1.49)
人均纯收入	−0.194*** (−4.86)	0.570* (2.05)
地区生产总值	0.050 (0.97)	−0.605 (−1.30)
受灾面积	0.001 (1.14)	0.002 (1.29)
农业损失	−0.000 (−0.65)	−0.002* (−2.14)
常数	−0.085 (−0.93)	1.158* (2.13)
拟合优度（R^2）	0.299 9	0.234 5
F 检验 LR/chi2（6）	57.05	74.90
$Prob$>LR/chi2（6）	0.000 0	0.000 0

注：表中数据来源于 Stata16.0 分析结果，括号内的数值为 t 值，***、** 和 * 分别表示双边 F（t）检验值在 1%、5%和 10%水平上统计显著。

第四，农业损失对保险密度在 10%的显著水平是负影响作用，农业受到灾害导致农业损失，会减少农民收入，由于农户收入本来就较低，加上农业损失的影响会降低农民对农业保险的支付能力，从而减少农险收入进而降低保险密度。对保险深度则没有显著影响。

9.3.5.3　稳健性检验

本章采用增加变量的方式对保险深度进行稳健性检验，放松模型条件即不取对数对保险密度进行稳健性检验。

相关研究表明，农业的发展状况、规模大小同样会影响农业经营者购买保险的意愿，可以用农机服务组织数来衡量农业企业规模的大小，所以在模型中加入这一变量进行回归分析，结果如表 9－6 所示。引入农机服务组织数并没有改变数字技术对保险深度的显著影响，因此本书对保险深度的回归结果是稳健的。

对保险密度不取对数之后的回归结果如表 9－6 所示，结果显示，数字技术对保险密度的影响变大了，这是因为取对数之后降低了保险密度的波动幅度，体现在数字技术的系数上就是使之变小。而显著水平没有变化，证明本书对保险密度的回归结果是稳健的。

表 9－6　稳健性检验结果

变量	Tobit 模型保险深度	固定效应的面板模型保险密度
数字技术	0.003*** (7.07)	0.486** (3.28)
乡镇人口数	－0.020 (－1.27)	18.704* (2.20)
人均纯收入	－0.203*** (－5.20)	34.265 (1.69)
地区生产总值	0.084 (1.63)	－40.787 (－1.31)
受灾面积	－0.000 (－0.15)	－0.205 (－1.38)
农业损失	－0.000 (－0.08)	0.023 (0.33)
农机服务组织	0.000** (2.75)	.
常数	－0.017 (－0.18)	－131.355*** (－3.48)
拟合优度（R^2）	0.331 6	0.387 2
F 检验 *LR*/chi2（6）	64.45	74.90
Prob>*LR*/chi2（6）	0.000 0	0.000 0

9.4 结论与启示

综上所述，本章运用2013—2020年间广东省各市农业保险的各项数据构建Tobit和固定效应的面板模型分别检验保险深度、保险密度和数字技术之间的关系。结果表明，数字技术有助于提高保险深度和保险密度，进一步促进农业保险高质量发展。其背后的含义与启示如下。

第一，更好地满足农户需求。数字化转型有利于细分客群，更精准地把握客户多层次、多样化的保险需求，促进产品创新，丰富产品供给，减少低水平同质化竞争，促进农业保险供给侧改革，更好地服务实体经济，提高保险消费者的获得感。

第二，提高保险业劳动生产率。保险机构劳动生产率偏低是制约行业高质量发展的一个大问题。当前行业发展遇到的一些困难，包括农险营销员增员难和业务大幅下滑等问题，其中一个重要原因是劳动生产率过低导致的。数字化转型可以有效赋能销售队伍和营销渠道，帮助其更好地经营客户、匹配产品，准确把握商机，发掘客户价值，提高销售产能和劳动生产率。

第三，提高风险管理能力。作为经营风险的行业，风险管理是经营的基础，防范和化解金融风险也是保证行业高质量发展的必然要求。数字化经营能够有效提升保险企业风险定价、风险管理能力，为风险防范和预警提供有效手段，及时防范和化解风险，保证稳健经营。

第四，提升保险业价值创造和盈利能力。持续盈利能力是保险业高质量发展的体现，也是持续稳定发展的重要基础。受多种因素影响，行业主体特别是一些中小保险公司面临较大的成本压力。数字化转型能够有效提升保险企业经营管理能力，通过创新发展模式、优化业务流程降低运营成本，提高管理效能和经营效率，为企业和客户创造更多的价值，提升盈利水平。

第 10 章　数字农险助推农业保险高质量发展的广东案例：广东人保“粤农保”

10.1　案例背景：广东人保数字化发展

中国人民财产保险股份有限公司广东省分公司（以下简称广东人保），是广东农险最大的经营主体。为高效服务广东农业农村和数百万户农户，广东人保创新打造“3S 技术＋气象＋保险”的广东模式，建立覆盖广东 2.5 万个行政村、15 万平方公里的农业大数据库，在金融领域率先使用了覆盖全广东的耕地、园地、林业、水域国土核心数据、高清影像地图，整合保险业务信息、卫星遥感及无人机航拍、实时气象监测、大灾一体化调度、农户增值服务功能，打造国内领先的 AI 数字农业综合服务平台，实现农险由分散型管理向数字化管理升级，从传统农险服务模式向科技化查勘全面跨越，从传统农险保险管理向精准农业和全方位综合减灾服务全面升级，通过数字技术赋能助力广东农业保险高质量发展。

2020 年受新冠疫情防控影响，人员接触不便，广东人保 AI 数字农业平台开通全线上化和农户自助化功能。农户利用小程序自助提交种植养殖承保核赔资料至公司业务平台，公司实现远程的非接触式业务操作，有力保障了广东省疫情防控期间的粮食生产安全。其间，广东人保利用 AI 数字农业综合平台，2020 年当年承保覆盖农户 548 万户次，实现 1 795 万亩水稻、水果、蔬菜以及 820.29 万头生猪、3.12 亿只鸡、鸭等畜禽等农产品的数字化按图承保，为农户提供风险保障 414.27 亿元。同时，2020 年省内农业生产受暴雨及病虫害影响严重，广东人保利用平台完成 119 万亩农作物及水果查勘定损，受益农户 100.93 万户次，实现业务流程数字化管理。2020 年 5—6 月“龙舟水”期间，快速定损 45 万亩水稻及水果，查勘赔付保障农户权益和粮食生产安全。

可见，广东人保 AI 数字农业综合服务平台的开发，旨在服务广东省农业大数据及农业保险风险管理，通过推动 3S、云计算、移动互联等技术在农业保险上的应用，实现了大数据与硬核技术的深度融合。并逐步从数字农险向数字农业升级跨越，不断助力广东乡村振兴战略和农业高质量发展。在此背景下，广东人保的数字化农险改革试验也于近年荣获中国卫星导航定位科学技术奖创新应用铜奖、全国优秀测绘工程奖银奖、广东省最受欢迎金融支农产品奖等多项重要奖项。

10.2 案例内容：广东人保的“粤农保”

广东人保作为广东农险市场最大的保险主体，市场份额超 60%，每年公司承保理赔覆盖约 2 万个行政村，年均承保和理赔的农户约 600 万户次。在农村信息化水平不足的条件下，每年需解决分散到各个村落的 1 700 多万亩水稻、水果、蔬菜及超 800 万头猪等畜禽的真实空间分布和精准承保难题，以及解决广东台风暴雨大面积灾害的快速理赔服务难题，保障广东农产品安全。为此，人保财险基于服务农业农村的实践经验，根据广东每年承保和理赔服务超 700 万户次的业务场景需求，利用遥感、气象、防灾、移动互联网等数字新技术，构建出了一套全新的数字化综合平台——“粤农保”。

平台自开发以来，多次在广东农业保险创新发展历程中发挥重要作用。2020 年 9 月 23 日，“粤农保”数字平台在广东省的应用推广试点获得广东农业农村厅的批示，要在省内大力推广。2020 年 11 月 28 日，数字平台落地服务韶关农业农村局，与农业农村局合作共建韶关市农业信息化平台。2020 年数据应用于国土测绘部门，提升了国土部门采集农业数据的多样性，有效节省了测绘成本。“粤农保”项目也因此荣获 2020 中国地理信息产业优秀工程、2020 全国优秀测绘工程、2020 第九届中国（广州）国际金融交易博览会金融产品热度榜奖及 2020 年世界数字农业十大创新应用成果。

“粤农保”平台基于 3S、云计算、移动互联等技术在农业保险上的应用，依托“3S 技术+气象+保险”的数据应用模式创新和由线下转为线上的业务操作模式创新，改变了金融业在广东省没有农业农村基础数据的历史，开启农业保险的数字化及地图化管理新篇章。从以往农险承保和理赔服务，向农业生产经营全流程提供风险减量管理跨越升级，不断助力广东农业保险及农业农村的高质量发展。

10.3 案例分析：“粤农保”的内在机理

10.3.1 前端信息共享：“一张图”管理明确标的信息与数据查询

在运营前端，“粤农保”与国土部门深度合作，建立金融业唯一的广东省农业农村大数据工程。依托数字技术建立标的地图、保费地图、赔付地图、种养分布地图、农险效果地图，实现广东2.5万个行政村15万平方千米的耕地、林地、园地、水域的农业地块“一张图”管理，以此完善农业保险前端数据收集及信息发布。

第一，利用AI及遥感算法，摸清各种植险、养殖险标的分布、承保数量、客户分布、出险原因和数量，为承保产业提供客观、翔实的数据支撑，实现保源分布“一张图”管理。第二，建立农业大数据监管平台，实现农险财政资金监管的“一张图”管理。第三，构建以卫星遥感、实时气象监测、病虫害防治及气象综合减灾的农业风险管控体系，实现大灾实时调度的“一张图”管理。第四，利用数字技术收集整合各级政府的补贴信息，实现各级机构各险种的出险、赔付信息的流向可视化，有效提高信息透明度和合规性，建立财政补贴流向“一张图”管理。

此外，“粤农保”通过构建数据信息全面精准的农业保险空间标的库，实现“农作物地块＋保险标的＋农户信息”三个维度信息的精准采集和有效关联，为实现农业保险工作的“按图承保和按图理赔”夯实基础。

10.3.2 中端效率提升：线上应用便捷服务流程与降低交易成本

在运营中端，“粤农保”平台通过建立按图承保和按图理赔的服务应用，有效实现农业保险业务操作全线上化，极大提升了农险运营效率。在平台的线上运营过程中，“粤农保”平台提供水印相机、OCR证件识别、电子签名、AI多重识别等智能化工具，支持保险公司业务人员开展在线、离线作业，完善业务人员工作流程，提高工作效率，促进农险合规经营。

其中，在供给端，“粤农保”员工可以通过手机APP端和PC端平台调用高清影像底图及地块图层、行政界线图层、农户权属图层，实现全省林地、园地、水域的标的地图展示，还用测量工具和内置测量数据，实现农险的移动验标和快速理赔，有效降低交易成本。在需求端，农户可使用微信端自助承保和自助理赔，并可在“粤农保”平台上获取精确的气象增值服务，简化农险操作程序，大力提升农户参险积极性。同时，该平台积极推动研发外部农户使用的自助承保、自助理赔、资料收集、开源地图等工具模块，实现分散性农险业务的自助化服务，提升保险业务可获得性和服务便利性。

此外，在疫情防控的大背景下，全线上化业务工作在保证正常业务开展的同时，也能大量避免面对面工作，便捷服务流程，有效降低交易成本，为疫情防控期间的业务开展，提供了强有力的技术支撑。

10.3.3 后端理赔保障：大数据体系强化监测的手段与完善风控

在运营后端，“粤农保”数字平台利用风控底图和移动系统，推动承保、理赔、公示等农险业务全部实现地图化管理，所有操作轨迹和现场图片实现可回溯，完成线上化风控管理，提升理赔操作效率和服务能力。

经过多年技术探索和试点，“粤农保”平台同广东国土部门测绘部门及广东省气象局深度合作，打造了“3S 技术＋气象＋保险”的广东模式，取得国土测绘数据应用于农业保险的技术和数据使用突破，实现广东省 2.5 万个行政村、23 万个自然村的 3 158 万亩耕地、2 160 万亩园地、1 102 万亩水域、1.58 亿亩林地，以及 310 万户农房及宅基地的数字矢量管理，在广东建立金融业唯一的农业农村大数据工程，利用风控地图和移动系统实现承保、理赔操作流程和农业业务核心系统的数据对接，保证前后台数据实现直通直联，并自动生成承保和理赔电子报告，提升非现场的监测、风控、理赔效率。

此外，平台构建以卫星遥感、实时气象监测、病虫害防治及气象综合减灾技术为依托的农业风险管控体系，利用“天空地”一体化功能将自动化分析、自动切片、自动渲染功能结合，实现了基于遥感数据的快速作物识别、灾害分析、影像分析、地块分析功能，为农业生产全流程提供综合减灾服务，有效强化了农业风险监测手段，提高了遥感技术服务农业保险的时效性、准确性。

10.4 成效与启示

10.4.1 成效

广东人保通过建设“粤农保”综合服务平台，以数字新技术赋能新型农业保险，聚焦前中后“三端”优化建设，不断向农户传递“五心”服务。以“三端”为出发点，以“五心”为落脚点，公司在数字新技术的科技加持下发展迅猛、成效显著。

第一“心”是自助投保省心。秉承数据多跑路，农户少跑腿的理念，使农民足不出户就可自助投保。2020 年受新冠疫情防控影响，人员实地服务受限，广东人保通过“粤农保”平台实现农险业务的按图承保和按图理赔变革，实现业务操作的可视化和线上化管理，让投保农户切实享受线上便捷服务。

第二“心”是快速理赔安心。公司建立了智能任务调度平台，实现高效赔付，帮助农户快速恢复生产。2019 年 12 月 5 日，佛山高明发生森林大火，4 000 多名消防人员参与扑救，广东人保利用林地地图和实时卫星遥感体系，通过 20 多颗卫星实时监测火场和过火面积定损。在如此大规模的农业灾害面前，广东人保仅在火灾扑灭后的 48 小时内便实现赔付 200 万元，真正做到科技理赔、快速赔付。

第三“心”是灾害预警放心。平台的气象服务功能可为农户提供台风、暴雨、干旱等灾害预警，让农户有所准备，防患于未然。2018 年，“粤农保”同国土测绘部门跨界深度融合，依托 AI 数字农业综合服务平台建立覆盖广东 21 个地市 2.5 万个行政村高清影像地图和地类图斑，建设广东农业农村大数据资源库，并采用天空地立体化大数据的监测体系，依托卫星遥感和无人机航测手段，有效参与社会防灾体系建设。

第四“心”是融资服务贴心。平台可快速整合推送贷款申请信息，通过保单质押促进贷款，高效解决农户的资金周转难题。广东人保在“粤农保”的基础上，不断打造升级版 AI 数字农业综合服务平台，已从单纯的农险服务向数字农业升级跨越，为高效满足农户贷款融资等金融需求提供系列服务，助力农业农村高质量发展。

第五“心”是农事管理舒心。平台为农户提供了农事管理增值服务，定期推送信息以及农事提醒，让农事管理更简单。2019 年，为应对猪瘟灾害，“粤农保”数字农业平台上线养殖险承保和理赔功能，通过底层电子围栏技术，开发 AI 识别数量、AI 识别猪体长功能，开通协保员操作体系及无害化风控业务，为农户提供赔款赔付的同时，严格监管病死猪的无害化处理，为全广东生猪食品安全及养殖户风险防范筑起一道坚固的保险防线。

10.4.2　启示

综上，通过总结广东人保新型农业保险的成功案例，可为各地农业保险高质量发展带来以下启示。

第一，深化技术赋能，依托数字新技术服务农业保险。通过大数据、物联网等数字新技术的合理应用，积极打造智能化农业保险线上服务平台，有效提升农险服务效率及业务流程规范性。并借助遥感、全球定位、云计算等数字化手段，在保障农险承保和理赔服务的基础上，向农业生产经营全流程提供风险减量管理，切实促进农业保险高质量发展。

第二，聚焦大灾应急，参与社会防灾体系建设。积极应用卫星遥感、无人机航测等数字化科技手段，加快天空地立体化大数据的监测体系构建，有效服务大灾应急，参与社会防灾体系建设。同时，借助数字技术手段，不断优化承保理赔程序，提升查勘定损效率，切实降低农业经济损失，保障农民收益。

第三，注重跨界融合，形成广泛的社会价值及经济效益。农业保险供给方应积极与国土测绘部门、气象局及相关科研机构跨界深度融合，实现多向互惠，建设各地农业农村大数据资源库，在保障农业保险高质量发展的同时，为各地农业农村发展提供决策数据支撑，以此强化社会价值，全面带动农村经济高速发展。

第四，推动转型升级，打造全数字化的农业服务生态。在持续保障农险业务高效运作的前提下，不断强化打造升级版数字农业综合服务平台，从单纯的农险服务向数字农业升级跨越。有效移植数字新技术应用于农险业务的创新经验，努力在数字农业产业园建设、生猪智能养殖、农产品质量安全溯源、水产物联网应用等方面助推农业农村现代化建设。

第四部分　认知素养与农业保险需求侧高质量发展

第四部分为本书的第三个核心研究内容：以农业保险认知素养为切入点探讨如何在需求端实现农业保险的高质量发展。对于该问题的研究，本书主要从农业保险的主体之一——农业生产者的角度展开分析，即探讨农业生产者关于农业保险的认知、素养对农业保险需求侧高质量发展的影响机理。该部分的撰写目的主要有二：一是从理论上向读者解释保险认知与保险素养为什么能够对农业保险高质量发展产生影响；二是利用实地调研数据和广东人保的案例，从实证层面论证保险认知、保险素养对农业保险需求侧高质量发展的作用。第四部分具体包括 4 个章节，核心内容为：一是认知素养对农业保险需求侧高质量发展的影响机理；二是保险认知对广东省农业保险高质量发展的影响；三是保险素养对广东省农业保险高质量发展的影响；四是素养教育助推农业保险高质量发展的广东典型。

第 11 章为认知素养对农业保险需求侧高质量发展的影响机理，是本部分关注话题的理论解释，为后文实证分析形成支撑。一方面，对农业保险认知素养的内涵与本质做出解释；另一方面，从理论上剖析认知素养对农业保险的影响机理，为后文实证研究提供理论支撑。

第 12 章为保险认知对广东省农业保险高质量发展的影响：以广东稻农为例，是从微观调研数据层面对本部分关注话题之一——认知影响保险发展进行实证检验。首先，对广东农户的保险认知现状进行分析以说明当前广东普遍存在农业保险认知偏差现象；其次，对农业保险认知偏差的原因进行分析；最后，剖析认知偏差对农业保险需求的影响效应。

第 13 章为保险素养对广东省农业保险高质量发展的影响：以广东稻农为例，是从微观调研数据层面对本部分关注话题之二——素养影响保险发展进行实证检验。首先，对广东农户的保险素养进行现状分析；其次，构建指标体系科学衡量农户的农业保险素养水平；最后，剖析保险素养对农业保险需求的影响效应。

第 14 章为素养教育助推农业保险高质量发展的广东典型：广东人保的农业保险素养教育示范基地，是从微观案例层面，利用广东人保的实践对本部分关注话题的进一步检验。首先，对广东人保建设农业保险素养教育示范基地的基本情况作出介绍；其次，对广东人保农业保险素养教育示范基地的主要做法进行分析；最后，对案例进行总结，揭示保险素养教育对农业保险高质量发展的作用效果。

第 11 章　认知素养对农业保险需求侧高质量发展的影响机理

11.1　农业保险认知素养的内涵与本质

11.1.1　农业保险认知

11.1.1.1　农户的认知

农户的认知是指农户自身所具备的看待事物的认知能力。认知能力作为一种衡量人力资本的重要指标，对农业保险需求有着不可忽视的影响。农户虽然具备一定的农业保险认知能力，但这种认知能力较为浅薄，而农户薄弱的认知又弱化了他们对农业保险的需求。研究表明，较高的认知能力将会提高个人的社会交往以及社会互动能力，个体可通过提高对交往群体的信息接受效率以及信息接受的渠道而提高认知，从而增加对保险产品的需求（曹国华等，2020）。农户的认知能力直接影响着农户的农业保险购买行为，认知能力越强则对农业保险的理解更精确。深入理解认知影响个体行为的内在机理有助于正确理解农户参保行为。因此，从认知视角对农户参保行为进行研究尤为重要。

11.1.1.2　农业保险认知

根据现有相关文献，保险认知是指人们对保险的认知及认可程度，它体现在人们对于保险的概念、性质的认识以及对保险的诉求、感觉和评价，对农户保险需求有着不可忽视的影响。从农户需求角度出发探究其参保行为，结合微观经济学知识可知个体需求可认定为其主观上购买商品或服务的意愿，而农户保险认知水平越高，对保险产品越了解，对保险产品的认知能力越强，越熟悉参保的业务流程，有助于增强其农业保险参保意愿。研究表明，在城镇地区，保险知识都没能全面推广和普及，农村地区的保险知识普及更是不容乐观。大多数人不仅保险知识水平较低，而且没有意识到保险功能的重要性，聂荣和沈大娟（2017）运用 Heckman 两阶段模型，提出农户的学历层次越高，对于保险产品所能够规避的农业风险意识和认知水平就会提升得越高，因此他们会更加积极地投身到农业保险中。深入探究农户的农业保险认知有助于理解农户对农业保险需求的深层次原因，为农业保险需求侧高质量发展提供有针对性的对策建议。

11.1.2 农业保险素养

农业保险素养是指农户对农业保险的综合认知水平和评判能力。保险素养越高的农户，具有更深的保险知识储备，对保险的接受能力更高，也更能充分理解保险条款与合同并更好地权衡风险与收益。因此，提高农户的保险素养有助于农户正确认识保险，并帮助农户意识到保险是管理风险和降低损失的有效手段，从而增加保险需求，促进参保行为。相关研究表明，农户购买农业保险的主要原因在于农户对农业保险风险转移作用的了解和对国家保费补贴政策的认知（杨雪美等，2013）。对此，学者们进一步研究表明，农民保险认知较为薄弱的主要原因在于农户防范风险意识薄弱、对保险理赔过程不熟悉以及对实际保险赔付金额不满意（蒋和平等，2022）。也有学者认为农户的个体认知水平差异会对农户的保险认知产生影响，部分农户会认为只要其在农业生产过程中受到损失，保险公司就会全额赔付；少数农户将保险当成银行储蓄，认为交了保费每年就该得到收益，所以在连续多年未发生理赔的情况下，部分农户会认为买保险是浪费钱而停止续保（范艳慧，2015）。

依据现有研究，本章主要从农户对农业保险的政策认知、理赔条款认知、风险认知和农户个体认知四个角度来综合概述农户农业保险素养。

11.1.2.1 风险认知

风险认知是指农户对风险可能导致的农业生产潜在影响的认识和感受。而农业保险所具备的风险抵御能力能有效降低农户损失、稳定农作物生产，在巩固脱贫攻坚和乡村振兴方面发挥了重要作用。中央印发的《乡村振兴战略规划（2018—2022年）》文件也指出，要将农业风险保障能力作为支农惠农制度的重要内容。农户需要对农业生产存在的自然灾害风险、意外事故风险和政策环境风险等形成正确的认知，才能对潜在风险产生正确的认知。杨雪美等（2013）研究表明，河北农户对自然灾害风险有较清楚的认知，且最担心旱灾和冰雹、农作物虫害病害、雨涝风灾及畜禽疾病；但大多数农户认知水平较为落后、思想比较传统，对于农作物的长势依赖于天气环境的传统观念还未得到根本上的改变。因此，提高农户的风险认知能力有助于促进农户对农业保险的购买，为农业生产种植提供更高的风险保障。

11.1.2.2　政策认知

近年来，为提高农民的生活质量和基本保障，中央政府陆续出台了一系列支农惠农政策。支农惠农政策带来的补贴效果显著，但农户对政策的理解程度不同导致了不同的政策响应。杨雪美等（2013）基于河北试点的实证分析得出，即使在政府大力补贴农业保险的情况下，农户的潜在需求也无法转化为实际投保行为，在 96.9%的农业保险需求意愿下农户实际参保率只有 15%。如何促进农户潜在需求的有效转化，是农村保险发展亟待解决的一大问题，而其重点在于如何建立起农户正确的保险认知。从信息来源渠道分析，农户从村委会、村干部、新闻媒介、街坊邻居等不同信息渠道接收政策信息后，会综合自身情况和现实环境做出经济决策。但由于信息不完全和有限理性的存在，农户对农业保险政策的有限解读和所能接收到的政策信息来源渠道影响着农户对保险政策的认知（潘林、郑毅，2013）。金刚和柳清瑞（2012）基于东北三省的数据实证分析出部分参保农户政策认知程度较低，无法准确判断出个人账号的安全性和未来实际给付水平，“差异化”财政补贴的实际效益大打折扣。另外，杨臣和韦彩玲（2011）的研究则表明，农民对支农惠农政策的高认同感会促进农户的保险认知程度。

11.1.2.3　理赔条款认知

农业保险理赔条款是农业保险的核心部分，具有专业性强、内容繁多、关系复杂等特点，其主要内容有保险责任范围、赔偿条件、赔偿标准、赔付金额和除外责任等。农业保险理赔条款的设置对农户购买农业保险后能得到的保障程度有着重要影响。农户对复杂理赔条款的认知能力会在很大程度上影响其对农业保险的需求。

第一，农户会将农业保险所能带来的收益以及相关保费支出作为购买农业保险决策的首要条件。相关研究显示，不同理赔条款下的收益以及相关保费支出将影响农户最终是否购买保险或购买何种保险，有 41.8%的农户由于农业保险理赔难、信誉差等原因“不敢买”，还有 51.9%的农户认为只有保费降到合适的水平后才会考虑购买（姜岩、李扬，2012）。实际上，认为农业保险“理赔难”、保险公司“信誉差”的农户得出的结论多源于其他农户的“口口相传”，他们本身极少甚至没有购买农业保险的经历，也没有对相应的条款做过仔细研究，且“合适水平的保费”这一定义本身就是模糊的。这也从侧面说明了农户对相关理赔条款的认知水平较低、购险经验不足，因此容易过分强调自身为规避风险的支出，从而忽略了理赔条款本身界定的责任范围、赔偿条件等内容，这既不利于农户正确认知理赔条款的内容与作用，也不利于农户合理考虑自身实际以做出正确的农业保险购买决策。

第二，农户对农业保险理赔条款等内容的理解偏差容易导致农户与保险公司在责任范围和损失界定上的不一致，使理赔过程费时费力，农户也容易因此产生抵触情绪（范艳慧，2015）。此外，由于农业保险在对理赔条款的设置上仍存在许多不足，农户对农业保险的认可度仍然较低。不合理甚至是自相矛盾的农业保险理赔条款会在很大程度上降低农户了解农业保险的主动性与接受程度，进而减少其对农业保险的需求，不利于农业保险的发展。李媛媛（2017）认为，许多农业保险合同条款偏好模仿商业保险合同，在大量引用《中华人民共和国保险法》的同时又去除了很多保护农户利益的内容，违反了公平原则，对农民没有做到足够的倾斜性保护，这也体现出农业保险公司在设置保险理赔条款时没有充分考虑到农户的实际需求，照本宣科，创新性与专业性不足，设置的理赔条款形式过于复杂且内容不够实用，使农户难以理解。

11.1.2.4　农户个体认知

参考众多学者使用中国家庭追踪调查（CFPS）问卷中字词识记能力和数学能力两个模块以衡量个体认知能力的方法，本书将个体认知能力界定为字词能力和数学能力（孟亦佳，2014）。

一方面，农户的基础认知能力表现为对字词的记忆与理解能力。农户的字词能力直接影响到其理解农业保险责任、功能和影响等内容的全面性与准确程度，进而影响其对农业保险的态度和需求。实际上，多数农户并不真正了解农业保险的本质以及其在分散农业生产风险与补偿农业损失等方面的作用。相关调查表明，有88%的农户认为自己了解农业保险，在选择“了解农业保险”的农户中，对政策性农业保险“非常清楚”和“清楚”的农户共占23.2%（孟德锋、李长越，2011），这说明有相当一部分农户对农业保险仍处于“一知半解”甚至是“完全不了解”的状态。而即便是了解农业保险的农户，其在对农业保险的认知上也会存在许多偏差，对自身责任的认识也欠缺。

另一方面，农户的高阶认知能力表现为其对农业保险中所涉及金额计算的敏感程度和计算能力。有关研究表明，个体的数学能力将显著影响其参与金融市场的决策，且相比字词能力的影响更加显著（吴锟、王沈南，2022）。此外，农户受教育程度、家庭文化背景、工作经历等也会对农户的个体认知产生较大的影响。

11.2 认知素养对农业保险高质量发展的影响机理

11.2.1 认知素养对农户参保意愿的影响

探索认知素养对农户参保意愿的影响机理，有助于提高农户的参保意愿，进一步推动农业保险市场需求。根据保险需求理论，人们普遍偏好确定性，因此愿意以支出保费的确定性代价购买保险，以换取能够获得对未来风险补偿的承诺。如果农户拥有更高的认知素养水平，意味着其更能准确分析农业保险对自身农业生产发展的作用，其对农业保险的接受程度也可能因此相应提高。赵翠萍等（2022）基于河南省农户实地调查数据的实证研究表明，只有农户对保险知识了解得越多，才会意识到保险是管理风险和降低损失的有效手段，对保险的需求随之增加，换言之，农户保险认知素养对其参保意愿有显著正向影响。

目前多数学者认为，农户对保险理赔程序、保费金额与保险保障程度、农业投入与产出比等认知程度会影响其参保意愿。当前大多数农业保险产品合同的术语过多、理赔程序复杂且适用性较低，导致农户无法准确认识农业保险的作用，使农户产生保险认知障碍和逃避心理，在较大程度上影响农户的参保意愿。再加上中国大部分农户的收入普遍较低，在农业保险上的支出有限，加之大多数农户因保险认知受限，难以区分不同投保金额带来的农业保障和理赔程度，因此往往会优先选择保险支出最低的一款保险产品。彭可茂等（2012）通过研究发现，影响农户投保意愿的因素分别为生产中的现金成本投入与产量、土地流转行为、对政府的信任、相应农产品收入占农业收入的比重、风险损失频率和政府救济补贴。其中，投入与产出比会直接影响农户参保意愿，由于农业生产对自然环境的高依赖性，农业产出处于不确定的状态，在此情况下，尽可能地减少投入能最大限度地保证收益，故保费较低的农业保险将更受农户青睐。

11.2.2 认知素养对农户参保行为的影响

计划行为理论能够一定程度上解释认知素养对农户参保行为的影响机理。计划行为理论提出，个体行为会受到个人基本特征、受教育程度、文化背景以及社会经验等方面的影响，进而影响其行为态度、知觉行为和主观规范，最终影响主体行为。此外，该理论还认为人的行为是经过深思熟虑计划的结果，且并非完全自愿，而是处于控制之下。依照该理论，更高的受教育程度、更好的家庭教育背景和更丰富的社会经验都有助于提高农户的保险认知水平，使农户更容易突破农业保险合同专业化和保险政策宣传不到位等问题给其带来的保险认知障碍，从而促使农户更加谨慎地考虑自身实际情况（家庭经济条件、农业生产、当地灾害发生情况等）与农业保险合同条款（保险保费支出、责任范围、理赔规则等）的匹配程度，理性地决定是否购买农业保险与购买的农业保险种类。相关研究表明，提高农户保险认知可以有效促进农业保险参保行为（于鑫鑫等，2021）；拥有更高认知能力的个体，选择购买保险的概率更高，购买的保险支出金额也相应更高（祝梦园，2019）。此外，农户规避农业生产风险的传统方式也会影响农户的参保行为，同时，认知素养较低的农户也更倾向于选择传统方式来规避风险。有关调查结果显示，农户对政策性农业保险的有效需求并不高，且农户普遍习惯于选择传统途径（如储蓄、向亲朋好友借钱等）来规避农业生产风险，其中，选择“向亲朋好友借钱”的农户占 38.5%，选择“多存款”的农户占 26.2%，两者合计达 64.7%（赵翠萍等，2022）。

11.2.3 认知素养对农业保险发展的影响

本章以风险认知、政策认知、理赔条款认知和农户个体认知四个层面的认知水平来衡量农户的保险素养。整体而言，农户保险认知素养的普遍提高有利于农业保险的发展。在风险认知层面上，风险意识更高的农户更容易高估风险发生的可能性，进而更有可能做出购买保险的决策；在政策认知和理赔条款认知层面上，农业保险相关政策对于农户购买农业保险的意愿起很大的导向作用，农户在学习政策的过程中，对相关保险政策信息接收的完整度越高，农户对农业保险理解程度和接受程度越高，参保意愿也越高；在农户个体认知层面上，农户认知能力越强，收集与处理信息的效率越高，对保险内容与作用的理解更全面准确，也更能理性地做出农业保险购买决策。

从保险市场发展角度来看，农户认知素养对农业保险发展的影响主要分为两个方面。一是市场需求，农户认知素养通过影响农户参保意愿和参保行为而对农业保险的需求产生影响，农户对农业生产的风险认知越强、对农业保险相关政策与条款内容的解读越全面准确、自身的认知水平越高，就越能正确认识农业保险的作用，其参保意愿相对认知素养水平较低的农户将有一定提升，从而增加农业保险需求、扩大农业保险市场规模、缩小农业保险产品与服务的供求差距，改善农业保险市场环境。二是市场供给，具有较强认知素养的农户更能准确解读农业保险中的条款、依照保险合同计算出购买农业保险后自身能够得到的保障程度，并根据实际环境做出更加理性的决策，使农业保险和自身保险需求相匹配，并“优胜劣汰”反向选择出更贴合农户实际需求的农业保险产品，进而倒逼农业保险市场内各公司开展合作与竞争、促进农业保险产品与服务向专业化、实用化、简约化发展。

第 12 章　保险认知对广东省农业保险高质量发展的影响：以广东稻农为例

12.1　绪论

12.1.1　研究背景

第一，保险制度日益完善，促进农业保险快速发展。2007 年我国正式推出农业保险补贴计划，此后相关制度也陆续推出。从 2013 年《农业保险条例》的实施，再到 2019 年《关于加快农业保险高质量发展的指导意见》提出，中国的农业保险制度在不断完善。就广东省而言，2020 年 6 月，广东省财政厅等多部门印发《关于大力推动农业保险高质量发展的实施意见》，拉开了广东农业保险高质量发展的序幕。2022 年，稻谷、小麦和玉米三大主粮作物农业保险覆盖率达到 70%以上，制度的不断完善成为农业保险实施与市场发展的重要保障。

第二，农户参保率较低，限制农业保险发挥作用。目前农业保险在国内经济中的占比与农户人均持有量仍处于较低水平。相关数据显示，2021 年中国农业保险深度 1.05%，而整个保险行业深度为 4.1%，是农业保险的近 4 倍；2021 年中国农业保险密度达 460 元/人，而整个保险行业密度为 3 327 元/人，是农业保险的 7.23 倍。《关于大力推动农业保险高质量发展的实施意见》提出，到 2022 年农业保险深度达到 1.2%以上，农业保险密度达到 500 元/人。可见，中国农业保险存在很大发展空间，农户参保率相对较低，限制了农业保险在保障粮食安全、农民增收等方面发挥有效作用。

第三，农民参保意愿不足，自发成长机制尚未形成。中国保险学会于 2021 年 9 月 10 日发布的《中国农业保险市场需求调查报告》相关数据显示，全国除港澳台外的 31 个省份中，绝大部分农户购买农业保险的主要动因是乡村干部动员购买、保险公司驻点现场销售，而主动购买农业保险的农户占比仅为参与购买农业保险的 3.75%。此外，我国农业保险类型主要为政策性保险，严重依赖中央和地方政府的财政补贴。数据显示，2014 年各级财政农业保险保费补贴额达 250.7 亿元，为 2007 年的 5.47 倍；2021 年中央财政对广东省农业保险补贴资金 13.2 亿元，同比增长 95%；省级财政对广东省农业保险补贴资金 13.01 亿元，同比增长 100.73%。由此可见，我国农业保险保费收入资金主要依赖财政补贴，而非农户上交保费，农户参保自发成长机制尚未形成。

第四，农户保险认知不足，保险素养有待进一步提升。相关数据表明，仅有 14.61%的农户能看懂条款，大多数农民不了解投保及索赔流程。虽然我国农户普遍对农业保险缺乏清晰的理解，但随着经济水平的提高和农业技术的发展，农民的风险意识与农业保险认知水平也呈现增长趋势。目前，我国农户潜在保险需求向实际购买力转化仍存在较大的发展空间，关键在于提升农户的保险认知水平。

12.1.2　核心概念

12.1.2.1　保险认知

保险认知是指个体对保险相关知识的了解程度。本章参考毛通（2017）和韩洪云等（2013）的研究成果，将保险认知界定为能由个体的生活经历、社会阅历、文化程度、保险体验等因素共同决定，包括但不限于该个体是否听说过某保险，对保险品种、保费补贴、理赔等知识的了解程度、对理赔的认可程度等。在本章中保险认知将具体体现为“农户对水稻种植保险的了解程度”。

12.1.2.2　认知偏差

郑雨明（2007）曾通过梳理文献得出认知偏差是个体在认识和判断事物时，与事实本身、标准规则间所产生的某种差别和偏离，或偏离的倾向和趋势，是人们的认知局限和认知风格、感觉机制和加工策略、个体动机和情绪情感等因素共同作用的结果。而在行为经济学和行为金融学的研究中，这种偏差已经被广泛证实了，所以在本研究中，探讨农户的保险认知偏差及其产生的影响是很有必要的。本章的认知偏差是指由于农户长期所处的社会环境和相对落后的观念，及农户自身的心理、生理因素等使其在农业保险的相关问题上容易产生种种认识上的偏差。

12.2　农业生产者的认知现状：偏差严重

12.2.1　数据来源说明

本章数据源于作者团队于 2021 年 7—8 月在广东省 13 个城市的实地调研。

研究团队在 13 个地市中随机抽取了 19 个乡镇，并从每个镇随机选取 2 个行政村进行调查，共计 38 个行政村，具体调查城市为惠州、汕头、揭阳、梅州、河源、湛江、茂名、阳江、江门、云浮、肇庆、清远、韶关，广泛的调查有利于提高调查信息的真实性和全面性，并使样本具有一定的代表性。此次的调查对象主要为进行水稻生产的农户，同时也包括被调查村的村委干部，以便了解当地水稻种植保险的相关情况。本次调查共计发放问卷 1 140 份，回收有效问卷 1 124 份，有效问卷回收率为 98.60%，符合预期结果。

12.2.2 样本特征

12.2.2.1 农户个体特征

第一，农户平均年龄偏高，平均受教育水平偏低。样本农户户主平均年龄 60.21 岁；受教育平均年限为 7.43 年，受访农户多为中年人。两个变量的偏度系数均小于 0，说明样本呈左偏分布（表 12 - 1）。

表 12 - 1　样本农户个体特征

项目	最小值	最大值	平均	标准差	峰度	偏度
年龄	28	93	60.21	9.67	0.09	−0.16
受教育年限	0	18	7.43	3.25	0.04	−0.29

第二，农户中男性占比高，健康状况较好，多数为非干部。在农户个人特征方面，样本中男性较多，占 92.62%，说明受访样本中男性户主居多；健康状况较好，达到类别为“好”的农户占样本的七成以上，为 74.90%；多数受访对象为非村干部，村干部人数仅占样本的 9.84%（表 12 - 2）。

表 12 - 2　样本农户基本特性

	类别	频数	占比（%）
性别	男性	941	92.62
	女性	75	7.38
健康状况	好	761	74.90
	一般	191	18.80
	差	64	6.30
是否村干部	是	100	9.84
	否	916	90.16

12.2.2.2　农户生产特征

农户的平均耕地面积较小，2020 年平均非农收入差异大，平均非农工作时间较短，在家种田时间偏长。样本农户的耕地总面积最小值为 0.09 亩，最大值为 212 亩，均值为 3.15 亩，偏度和峰度均大于 0，且偏度系数大于 1，样本呈高度右偏分布。2020 年非农收入样本的极差较大，偏度系数大于 1，样本呈高度右偏分布，说明样本农户非农收入差距较大。2020 年非农工作时间均值为 1.89 个月，且其偏度系数大于 0，呈右偏分布。在家种地时间均值为 35.34 年（表 12－3）。

表 12－3　农户生产特征

项目	最小值	最大值	平均	标准差	峰度	偏度
耕地面积（亩）	0.09	212	3.15	10.54	190.02	12.01
2020 年非农收入（元）	0	315 000	6 482.70	17 289.20	106.06	7.48
2020 年非农工作时间（月）	0	12	1.89	3.73	1.97	1.86
在家种地时间（年）	0	80	35.34	15.82	－0.36	－0.47

12.2.2.3　农户生产行为特征

第一，农户中购买农业保险人数略多于没有购买的人数，农活熟悉程度非常高，而且绝大多数农户会使用智能手机。本章使用参保经历、农活熟悉程度和是否使用智能手机等数据指标来衡量农户的生产行为特征。样本中农户 2020 年的农业保险参保经历（是否购买），表现为购买者占样本的 51.28%。农活熟悉程度，“非常熟悉”人数最多，占样本的八成以上，为 82.68%，其次是“一般”，为 5.81%。另外，有七成以上的农户能够使用智能手机（表 12－4）。

表 12－4　农户行为特征

项目	类别	频数	占比（%）
2020 年是否购买农业保险	是	521	51.28
	否	495	48.72
农活熟悉程度	一点也不会做	17	1.67
	不大熟悉	15	1.48
	一般	59	5.81
	比较熟悉	85	8.37
	非常熟悉	840	82.68
是否使用智能手机	是	731	71.95
	否	285	28.05

第二，八成左右的农户在2020年不存在土地转出情况，多数农户在未来5年和10年都有务农意愿，近八成的农户没有规模种植水稻的计划。本章使用农户土地转出、未来务农意愿和规模种植水稻意愿等指标衡量农户的生产决策情况。样本中八成左右的农户在2020年不存在土地转出情况。多数农户在未来5年和10年都有务农意愿，分别占各自总样本的74.21%和52.46%，但二者之间存在一定差距，可以看出受访农户的长期规划和短期规划仍有差异。另外，有近八成的农户没有规模种植水稻的计划，占77.17%（表12-5）。

表12-5　农户生产决策情况

项目	类别	频数	占比（%）
2020年是否存在土地转出	存在	203	19.98
	不存在	813	80.02
未来5年务农意愿	是	754	74.21
	否	106	10.43
	不确定	156	15.35
未来10年务农意愿	是	533	52.46
	否	157	15.45
	不确定	326	32.09
规模种植水稻计划	是	151	14.86
	否	784	77.17
	不确定	81	7.97

12.2.3　现状分析：各地区农户的保险认知情况

12.2.3.1　农户整体的农业保险认知情况

农户的农业保险认知情况整体水平偏低，个体差异较大。通过对调研数据进行处理筛查，以农户对有关水稻种植保险的保额、保费承担比例、期限、赔付范围和定损方式5个问题回答的正确率来量化农户对农业保险的认知。数据中关于正确率一共存在6种结果，结果含义如下：0表示正确率为0，0.2表示正确率为20%，0.4表示正确率为40%，0.6表示正确率为60%，0.8表示正确率为80%，1表示正确率为100%。样本中农户对农业保险的认知情况，均值为0.25，正确率不到30%；偏度系数大于0，说明样本呈右偏分布，样本农户的保险认知情况个体间差距较大（表 12－6）。

表 12－6　农户农业保险认知情况分布

项目	最小值	最大值	平均	标准差	峰度	偏度
农业保险认知	0	100%	25%	0.31	−0.53	0.87

12.2.3.2　不同地区农户的保险认知比较

第一，不同地区各农户购买农业保险情况差异大。从表 12－7 可以看出，样本中江门、清远、云浮 2020 年的投保率较高，均在 80%以上，揭阳和汕头的参保率较低，分别为 12.20%、17.31%，可见广东省 2020 年各地区的农业保险参保率相差较大。另外，整体样本的参保率也仅为 51.28%，仍有接近 49%的农业经营主体因为各种原因未参保。

表 12－7　各地区农户是否有为水稻种植购买保险情况

地区	是否有为水稻种植购买保险		购买占比（%）	总计
	否	是		
河源市	16	34	68.00	50
惠州市	23	22	48.89	45
江门市	14	82	85.42	96
揭阳市	36	5	12.20	41
茂名市	65	50	43.48	115
梅州市	43	77	64.17	120
清远市	11	48	81.36	59
汕头市	43	9	17.31	52
韶关市	71	36	33.65	107
阳江市	34	29	46.03	63
云浮市	8	46	85.19	54
湛江市	52	56	51.85	108
肇庆市	79	27	25.47	106
总计	495	521	51.28	1 016

第二，各地农户对水稻种植险的认知程度存在较大差异。由表 12-8 可知，听说过水稻种植保险的农户占总体的 65.94%，其中河源、江门、梅州、清远以及云浮市的被调查者中听说过水稻种植保险的农户占比均超过 80%，江门市甚至超过了 92%。而该指标占比较低的城市有汕头（26.92%）和肇庆（39.62%）。

表 12-8　各地区农户是否听说过水稻种植保险情况

地区	是否听说过水稻种植保险		占比（%）	总计
	否	是		
河源市	7	43	86.00	50
惠州市	11	34	75.56	45
江门市	7	89	92.71	96
揭阳市	23	18	43.9	41
茂名市	50	65	56.52	115
梅州市	19	101	84.17	120
清远市	6	53	89.83	59
汕头市	38	14	26.92	52
韶关市	48	59	55.14	107
阳江市	23	40	63.49	63
云浮市	7	47	87.04	54
湛江市	43	65	60.19	108
肇庆市	64	42	39.62	106

第三，水稻种植保险的购买意愿有待提升，主动参保率呈现较低水平。表 12-9 是水稻种植户对农险必要性的判断，阳江、汕头和肇庆的种植户认为有必要购买水稻种植保险的占比最高，超过 50%。云浮和清远的种植户认为没必要购买水稻种植保险的被调查者占比较高。从 13 个调研城市总体来看，认为有必要购买水稻种植保险的被调查者占比约 32%，认为没必要的约占 48%，而无所谓的约占 20%。可见，种植户对水稻种植保险的购买意愿有待提升，农户的主动参保率处于较低的水平。

表 12-9　各地区农户认为是否有必要为水稻种植购买保险情况

单位：户

地区	您认为有必要为水稻种植购买保险吗			总计
	有必要	无所谓	没必要	
河源市	9	12	29	50
惠州市	12	7	26	45
江门市	16	18	62	96
揭阳市	19	5	17	41
茂名市	34	37	44	115
梅州市	20	18	82	120
清远市	6	11	42	59
汕头市	29	10	13	52
韶关市	41	16	50	107
阳江市	37	15	11	63
云浮市	7	9	38	54
湛江市	38	25	45	108
肇庆市	56	16	34	106

12.3　农业保险认知偏差产生的原因分析

12.3.1　模型构建

为探究农户农业保险认知的影响因素，本章根据已有研究，选取了农户个体特征、家庭特征、行为特征等指标来考察农户保险认知的影响因素。计量模型设定如下：

$$Cognition=\beta_0+\beta_i X_i+u \qquad (12-1)$$

式（12-1）为考察农户农业保险认知的影响因素，本书采用 OLS 和 Tobit 计量模型进行估计。其中，*Cognition* 表示农户的农业保险认知，解释变量 X_i 表示农户个体特征（如年龄、性别、文化程度等）、家庭特征（土地规模等）等外生解释变量，β_0 表示常数项系数，β_i 表示第 i 个控制变量的系数，u 表示方程的误差扰动项。

12.3.2 变量描述

12.3.2.1 被解释变量：农业保险认知

“农业保险认知”在式（12－1）中作为被解释变量，表示农户对农业保险的认知程度。因该变量为定性变量难以衡量，故在问卷中设置了5个分别与水稻种植保险保额、保费承担比例、投保周期、赔付范围和定损方式相关的问题，通过这些问题定量地测度农户对水稻种植保险的认知程度，以构建“农业保险认知”这一变量。该五个问题均以正确说法提出，让农户自行判断是否准确，农户每正确判断一个问题赋1分，判断错误或不能做出判断赋0分，最终得分为5个问题所赋分值之和除以5，即“农业保险认知”这一变量的具体值。具体构建和测度过程如表12－10所示。

表12－10 农业保险认知相关测度问题和赋值情况表

测度内容	具体问题	赋值情况
是否了解水稻种植保险保额	水稻种植保险的保额是800元/亩	将答案“1＝是”赋值为1，“2＝否”和“3＝不知道”赋值为0
是否了解水稻种植保险保费承担比例	水稻种植保险的保费承担比例是农户自负20%，政府补贴80%	将答案“1＝是”赋值为1，“2＝否”和“3＝不知道”赋值为0
是否了解水稻种植保险的投保周期	水稻种植保险期限以一造（一个生长周期）为一个投保周期	将答案“1＝是”赋值为1，“2＝否”和“3＝不知道”赋值为0
是否了解水稻种植保险的赔付范围	人为因素故意造成的损失不在赔付范围内	将答案“1＝是”赋值为1，“2＝否”和“3＝不知道”赋值为0
是否了解水稻种植保险的定损方式	水稻保险采用现场定损方式	将答案“1＝是”赋值为1，“2＝否”和“3＝不知道”赋值为0

12.3.2.2 解释变量

在式（12－1）中，解释变量包括个体特征变量、家庭特征变量和行为特征变量。其中，个体特征变量包括“性别”“年龄”“教育年限”“健康”“是否为村干部”；家庭特征变量包括“耕地面积”“非农收入”“非农工作时间”“资金是否紧缺”；行为特征变量包括“务农年限”“农业保险投保经历”“农活熟悉程度”“是否使用智能手机”（柴智慧等，2013；Simon，1955；周忻等，2012）。

变量统计结果如表12－11所示。

表 12－11　变量定义及描述性统计

变量名	设定/单位	均值	标准差	最小值	最大值
农业保险认知	农户对农业保险的认知程度	0.247	0.310	0	1
性别	户主性别 男＝1，女＝0	0.926	0.262	0	1
年龄	户主年龄（岁）	60.210	9.671	28	93
教育年限	户主受教育年限（年）	7.427	3.253	0	18
健康	户主身体健康程度 1＝好，2＝一般，3＝差	1.314	0.585	1	3
是否为村干部	户主是否为村干部 是＝1，否＝0	0.098 4	0.298	0	1
耕地面积	2020 年家庭耕地面积的对数	1.305	0.971	－2.408	5.760
非农收入	2020 年家庭非农收入的对数	2.665	4.326	0	12.660
非农工作时间	2020 年非农工作时间（月）	1.894	3.734	0	12
资金是否紧缺	是否存在资金紧缺 是＝1，否＝0	0.450	0.498	0	1
短期务农意愿	未来 5 年是否从事水稻生产	0.742	0.438	0	1
长期务农意愿	未来 10 年是否从事水稻生产	0.525	0.500	0	1
务农年限	户主在家种地时间（年）	35.340	15.820	0	80
农业保险投保经历	2020 年是否购买农业保险 是＝1，否＝0	0.513	0.500	0	1
农活熟悉程度	户主对农活的熟悉程度 1＝一点也不会做，2＝不大熟悉， 3＝一般，4＝比较熟悉， 5＝非常熟悉	4.689	0.788	1	5
是否使用智能手机	户主是否使用智能手机 是＝1，否＝0	0.719	0.449	0	1
同村农保购买户数	同村购买农业保险的户数	14.388	7.876	0	30

12.3.3　实证结果与分析

本章以农业保险认知为被解释变量，加入个体特征、生产特征和行为特征变量等解释变量，并运用 OLS 和 Tobit 回归模型进行实证分析，总体结果显著。实证结果如表 12－12 所示。本章将以 Tobit 模型为例，对计量结果进行解释。

表 12－12　模型的回归结果

变量	(1)	(2)
	农业保险认知（OLS）	农业保险认知（Tobit）
性别	−0.043 0 (0.032 9)	−0.085 4 (0.068 3)
年龄	−0.002 17 (0.001 32)	−0.003 24 (0.002 87)
教育年限	0.003 88 (0.002 75)	0.011 2* (0.005 90)
健康	−0.013 7 (0.015 0)	−0.026 2 (0.031 7)
是否为村干部	0.118*** (0.029 0)	0.175*** (0.056 3)
耕地面积	0.005 32 (0.009 16)	0.019 1 (0.018 9)
非农收入	0.003 24 (0.003 46)	0.005 87 (0.007 21)
非农工作时间	−0.006 21 (0.003 96)	−0.010 3 (0.008 23)
资金是否紧缺	−0.026 9 (0.017 1)	−0.062 8* (0.036 0)
务农年限	0.000 491 (0.000 755)	0.001 32 (0.001 63)
农业保险投保经历	0.288*** (0.017 4)	0.644*** (0.040 4)
农活熟悉程度	0.010 2 (0.011 5)	0.021 5 (0.025 5)
是否使用智能手机	0.027 8 (0.021 8)	0.066 9 (0.046 4)
常数项	0.170* (0.102)	−0.329 (0.224)
样本量	1 016	1 016

注：***、**、*分别表示在1%、5%和10%的水平上显著；第（1）列运用OLS回归分析法，括号内的数字为 t 值；第（2）列运用Tobit模型分析法，括号内的数字为 z 值。

第一，从回归结果可以看出，是否为村干部对农户农业保险认知影响在1%的水平上显著，作为村干部的农户对农业保险的认知要比非村干部农户的保险认知高 0.175 个单位，这可能是因为农户了解农业保险的渠道还比较少，主要通过村干部的宣传了解农险。并且值得注意的是，是否使用智能手机对农户农业保险认知影响并不显著，这从侧面说明农户较少主动利用已有信息渠道去获取农业保险信息，结合是否为村干部与是否使用智能手机的系数可以认为当下农户可能主要依靠政府部门的宣传，被动地接受农业保险信息。

第二，2020 年参与过农业保险投保的农户对农业保险的认知比 2020 年没有购买过农业保险的农户要高 0.644 个单位，显然参与过购买农业保险的农户对农业保险有着更直接、深刻的了解。

第三，教育年限在 10%的水平上显著正作用于农户农业保险认知，这可能是由于受教育程度越高的农户对事物具有更好的学习和接受能力，对农业保险具有更高的学习热情。

第四，资金是否紧缺也在 10%的水平上显著负作用于农户农业保险认知。其原因可能是资金紧缺的农户，缺乏农业保险支付能力，致使他们不会去了解农业保险。

12.4　认知偏差对农业保险需求的影响

12.4.1　模型构建

计量模型设定见式（12－2），本节关注农业保险认知对农户购买农业保险的影响，β_0 表示常数项系数，β_1 表示模型中关键变量农业保险认知的系数，β_i 表示第 i 个控制变量的系数，ε 表示方程误差扰动项。

$$Insurance = \beta_0 + \beta_1 Cognition + \beta_i X_i + \varepsilon \qquad (12-2)$$

12.4.2　实证结果与分析

随着农业保险机制的不断完善，以及政府对农户参保补贴政策的推进，农业保险越来越贴近农业生产。已有研究多数是探讨购买农业保险后农户的生产决策，而本研究主要关注农业保险认知偏差带来的影响，即农户对农业保险成本收益与农业生产风险的判断如何影响其农业保险需求。

12.4.2.1　农业保险认知对农业保险需求的影响分析

在表 12－13 中，由第（1）列回归结果可知，农户农业保险认知程度对其是否购买农业保险的回归系数为2.239，具有显著的正向作用，表明农户对农业保险认知程度每提高一个单位，其购买农业保险的概率会提高2.239。这说明农户对农业保险的认知会影响其保险支付意愿（孙香玉，2009；杜鹏，2011），换言之，农户的认知是否被扭曲是影响其是否购买农业保险的关键因素（Paudel，2000）。当农户对农业保险的认知程度提高时，能更加准确地对农业保险的收益与风险进行权衡，最终选择能够规避农业生产风险的农业保险。

由第（2）列回归结果可知，部分控制变量也通过显著性检验。在个体特征变量中，户主的受教育年限对其是否购买农业保险的影响系数显著为正，说明随着户主受教育程度的提高，其购买农业保险的可能性越大；在家庭特征变量中，农户耕地面积显著正作用于农业保险的购买，表明耕地面积越大的农户，其对农业保险的购买具有更高的积极性。

表12-13 Probit模型回归与内生性检验结果

变量	模型（1）	模型（2）
	农业保险购买	Ⅳ农业保险购买
农业保险认知	2.239*** (0.159)	9.338*** (9.35)
性别	−0.112 (0.174)	0.330 (1.01)
年龄	0.008 77 (0.006 54)	0.027** (2.13)
教育年限	0.043 1*** (0.014 3)	−0.025 (−0.87)
健康	0.066 0 (0.076 0)	0.173 (1.19)
是否为村干部	0.168 (0.159)	−0.876*** (−2.72)
耕地面积	0.243*** (0.049 2)	0.028 (0.30)
非农收入	0.001 33 (0.011 4)	0.008 (0.36)
务农年限	0.001 03 (0.003 91)	−0.004 (−0.60)

（续）

变量	模型（1）	模型（2）
	农业保险购买	Ⅳ农业保险购买
农活熟悉程度	0.068 5 （0.060 2）	−0.085 （−0.75）
短期务农意愿	−0.146 （0.128）	−0.021 （−0.09）
长期务农意愿	0.069 7 （0.112）	−0.048 （−0.23）
常数项	-1.935^{***} （0.503）	-3.595^{***} （−3.77）
Wald 外生性检验	—	$Prob>\text{chi2}=0.0000$
工具变量的 t 值	—	9.68
样本量	1 016	1 016

注：***、**、*分别表示在 1%、5%和 10%的水平上显著；第（1）列运用 Probit 模型，第（2）列运用考虑工具变量的 Probit 模型；括号内的数字为 z 值。

12.4.2.2　内生性检验

农户农业保险认知会影响其购买农业保险等生产决策的选择，但影响农户农业生产决策的因素有很多，在现实中仍然存在上述因素以外的其他影响因素，使本章的分析可能存在遗漏变量，并且农业保险认知与农业生产决策之间可能存在反向因果关系，从而产生内生性问题。

为解决关键变量潜在的内生性问题，本章采用问卷中“2020 年您家是否有为水稻种植购买保险”一问，处理出“同村农保购买户数”（2020 年同村购买农业保险的户数）作为“农业保险认知”的工具变量，并在 IV-Probit 模型的基础上进行工具变量检验和内生性检验，见表 12－13 中的模型（2）。瓦尔德内生性检验的结果显示：“同村农保购买户数”是强工具变量；在农业保险认知对农业保险购买的影响探究中，农业保险是内生变量，需要使用工具变量进行回归分析。在模型（2）列的回归估计中，农户农业保险认知对其购买农业保险的影响系数仍然显著为正，与模型（1）列的结论一致，进一步说明农户农业保险认知正作用于农业保险的购买。

12.5 本章结论

12.5.1 农户的政策性农业保险认知偏差较大

通过对调研数据的处理筛选，我们发现样本农户在2020年没有购买农业保险的占比高达48.72%，保险覆盖率较低；对于农户对农业保险的认知情况，通过对5个问题回答的正确率量化为农户对农业保险的认知程度，其平均正确率不到30%，认知偏差较大。

12.5.2 农户自身特征以及生产特征等因素显著影响农户的保险认知

当前农户的政策性农业保险认知偏差的诱因包括教育年限、耕地面积、是否为村干部以及保险投保经历等。从实证结果来看，教育年限、是否为村干部和农业保险投保经历均显著，即这三个因素是当前农户的政策性农业保险认知偏差的关键诱因，且这三个因素都正向影响认知水平。一方面，农户的教育年限越长，获取信息的途径更广泛，接受农业保险可以抵御各种风险的概率更高；另一方面，当农户在2020年参加过农业保险投保时，对农业保险有着更直接深刻的体验，对保险的认知也会更高。

12.5.3 政策性农业保险认知程度会对其投保决策造成影响

农户的投保意愿受农业保险认知影响显著，具体为农户的农业保险认知每提高一个单位，其购买农业保险的概率提高2.239，并且认知越浅，农户对农业保险的偏好也更低。因此，当农户对农业保险的认知越准确，将有助于形成更高的农业保险参保率。

第13章 保险素养对广东省农业保险高质量发展的影响：以广东稻农为例

13.1 现状描述：广东农户的农险参保与基本素养

13.1.1 数据来源

本章数据源于课题组2022年7—8月于广东省惠州、汕头、梅州、清远等8个地市开展的水稻种植户的农业保险实地调查。本次调查采取一对一访谈的方式，总共获取有效样本为475个农户。

13.1.2 广东农户的农业保险购买情况

广东省作为我国13个粮食主产省之一，水稻作为本省最主要粮食作物，在2021年，其种植面积已达2 741万亩、产量高达1 104万吨（广东省统计局，2022），位居全国前列。据统计，广东是我国受台风影响最多的省份（任福民等，2008），其暴雨发生次数最多、汛期最长，平均每年20～30次的自然灾害中有80%以上都是气象灾害（袁媛等，2012），20世纪90年代以来，广东省因自然灾害造成的经济损失年均达到120亿元，占全省生产总值的3%～5%（白林等，2014）。在此背景下，广东农业保险产业迅速发展。广东银保监局数据显示，2020—2021年，广东省农业保险保费收入增速、风险保障额度增速均居全国首位；2022年，根据广东省财政厅公开数据，广东省农业保险保费增幅位居全国第一，增长规模达65.6亿元，其中，财政资金补贴高达50亿元。

调研数据显示，本次受访农户平均水稻种植面积较小，仅为3.88亩；而水稻种植农户参保率较高，参保率为71.8%，在政府大力支持以及基层积极宣传的推动下，广东仍未实现政策性水稻种植保险的全面覆盖。在本次被调研的8个地区中农户投保率最低的是汕头，仅有16%，远远低于平均水平，并且已购买了水稻保险的7户受访户也都由村里统一购买，而最高的是江门市，达到 88.9%。对于学习保险知识的意愿强度这一问题我们设定了 5 个选项（1＝完全没意愿，2＝没意愿，3＝一般，4＝愿意，5＝非常愿意），调研结果显示，总体表现并不佳，受访户平均意愿强度仅仅介于没意愿与一般之间，其中值得关注的是投保率仅为 16%的汕头市在这一问题的平均分达到了 2.95，是 8 个地区中的第二高分。8 个地区认为有必要购买水稻保险的比重也都在 80%以下，除了茂名、汕头以外的 6 个地区该比重均低于投保比重，具体统计结果如表 13－1 所示。

表 13－1　广东省各地区水稻种植户的参保情况

地区	购买稻险		购买比重（%）	统一购买比重（%）	发生赔付比重（%）	耕地（亩）	农户保险学习意愿	有必要参保比重（%）
	是	否						
惠州	29	21	58.0	89.6	24.1	6.20	2.60	51.8
汕头	7	35	16.0	100.0	0.0	1.41	2.95	16.7
梅州	52	13	80.0	92.3	26.9	3.40	2.59	48.0
清远	37	7	84.1	94.6	40.5	5.63	2.66	72.1
肇庆	32	17	65.3	100.0	37.5	3.84	2.44	61.4
云浮	48	9	84.2	85.4	33.3	4.35	2.80	75.0
茂名	65	22	74.7	67.1	24.6	4.67	3.07	79.3
江门	72	9	88.9	76.4	36.1	5.19	2.95	75.2

13.1.3　广东农户的农业保险素养概况

我国农业保险保费规模处于全球首位，但农户的总体保险素养水平仍然较低。以广东省为例，目前广东省农险保费增幅全国第一，但保费中有约 75%都来自政府补贴，农户自行了解并参保的占比较低，参保的多数农户了解农业保险的途径只有一个：通过地方政府及村委会了解。这在一定程度上导致农户虽具备一定的风险意识，但自身保险素养未得到充分培养，对农业保险的认知水平仍然较低。

本次调研结果也一定程度上说明农户的保险素养偏低，具体统计结果见表 13－2。第一，农户对农业保险的自主意识不足。在本次调研中，参保的 341 个受访户中有 287 户是由村统一购买农业保险，自主参保的受访户占比小，这在一定程度上说明了政府支持虽在农业保险的推广中起到重要作用，但容易导致农户本身的农业保险意识培育不足。值得注意的是，针对“是否愿意学习保险知识”这一问题，有 76%的农户皆选择“没意愿”或“一般”，表示愿意学习保险知识的农户仅占 24%，其中仅有 3.2%选择“非常愿意”，说明农户保险意识较低，参保主动性不高。第二，农户的农业保险认识水平低。调研发现，部分农户选择不购买农业保险的原因是自身农业生产规模较小，农业保险对自身农业的风险转移以及生产保障作用低，而更大一部分农户未购买农业保险的原因只是对其认知不足。即便是已购买农业保险的农户，其对农业保险的内容与功能作用的认知程度也普遍较低。第三，农户具有一定的风险意识。调研结果显示，64.8%的农户认为有必要为水稻种植购买保险，表明农户本身具备一定的风险意识。此外，对“保险公司的信任程度”“当地开展的保险教育宣传是否有意义”两个问题，农户的平均打分仅为 3 分左右（1～5 分，5 分为满分），说明农户对于农业保险的认可程度仍然处于较低水平，乡村农业保险宣传工作仍需加大力度、创新方式。

综上，农户具备一定的风险意识，但其自身的保险素养还有待提高。各级政府在开展农业保险宣传工作的同时，应将重心转移到农户本身保险素养的培养上，由内而外，使农户能够真正理解农业保险的内容，认识到农业保险转移风险与保障农业生产的作用，并加大农业保险专业化、创新化、实用化、简约化发展的力度，完善农业保险相关服务，循序渐进地提高农户对农业保险的认可度，引导农户主动学习农业保险相关知识。

表 13－2　广东省水稻种植户整体参与农业保险与保险素养情况

变量名称	赋值说明	人数	比重
是否购买水稻种植保险	是	341	71.8%
	否	134	28.2%
是否由村里统一购买	是	287	84.2%
	否	54	15.8%
是否愿意学习保险知识	一般	230	48.4%
	没意愿	131	27.6%
	愿意	99	20.8%
	非常愿意	15	3.2%
是否有必要为水稻购险	是	308	64.8%
	否	167	35.2%

13.2 指标构建：广东农户保险素养的衡量方法

13.2.1 国内外衡量保险素养相关研究

13.2.1.1 农户参保行为的影响因素

国外主要的研究落脚点是金融素养及其对金融决策行为的影响，对于保险素养这一影响因素的研究不足。Rooij 指出金融素养水平与金融决策行为之间存在正相关关系（van Rooij 等，2011），但有研究表明，金融素养不一定转化为保险素养（Lin 等，2019）。在对农户保险素养以及保险行为决策方面，相关研究偏向于对个体外在层面的条件与需求进行研究。如 Wright 和 Hewitt（1999）根据 1989 年美国农业部的调查数据，分析得出导致农户不参与农业保险的主要原因是自身农业的分散化经营程度高、购买了其他农作物保险、偏好自担风险、农业保险保费高且保障程度低（Chite，1999）。Shaik 等（2005）也探索了在考虑收入保险的前提下农户的农作物保险需求，认为影响保险购买意愿的主要因素有初始财富、风险规避系数、产量均值、产量标准差、价格均值、价格标准差、风险发生概率、灌溉比率及选择购买收入保险而非数量保险的决策。此外，国外对保险素养的定义和度量仍未有统一标准，对农户参保行为的相关研究也较少，且主要从保险的参与率入手，分析影响保险需求的风险感知和逆向选择问题。

国内相关研究侧重于分析外在因素对农户的农业保险支付意愿和参保行为的影响。李祥云与祁毓（2010）认为年龄、性别、收入来源及水平、政府补贴和邻里选择等因素显著影响农户对政策性农业保险的购买行为；彭可茂等（2012）通过研究发现产量、风险损失频率、家庭纯收入等外在条件对农户水稻支付行为影响显著。于洋等（2019）研究发现不同保障水平下，农户对水稻保险支付意愿主要受水稻生产专业化程度、家庭年纯收入、近 5 年水稻减产最大经济损失和对保险重要性认知程度的影响，且务农年限与农户投资风险偏好对农户的水稻保险支付意愿呈负向影响（于洋等，2011）。关于农户内在因素对参保方面的影响，国内研究方向主要为商业保险。张洪霞等（2021）认为，在保险素养对保险决策产生影响之前，提升保险素养可以通过保险知识的普及来实现，从而增加居民对保险的购买行为。曹国华等（2020）研究发现，个体认知能力的提升能使个体对保险的理解更精确，从而降低信息成本。农户保险素养越高、风险转移意识越强，其对特定风险事故或特定事件的发生所导致的损失等具有更准确的衡量。李韬等（2020）认为，保险素养水平高的农户，其价值观念及风险偏好将与保险风险转移及经济保障的核心功能产生更高吻合度，有利于农户合理制定保险参与计划，降低其对保险合同条款理解的歧义，最终促进保险参与。总的来说，国内对农户保险素养的相关研究缺乏对农村保险市场需求主体（如农民）自身素养的挖掘，且鲜有对农户保险素养水平及影响政策性水稻保险参与行为的实证研究。

综上，目前涉及农户保险素养已有研究的不足之处在于：①选取指标较为单一，不够深入，无法全面反映保险素养的作用影响。②对农户参保行为影响因素的众多研究给予农户主体自身原因（保险素养等）的关注度不够，挖掘力度不强。对此，本章拟将个体感知作为个体行为的主导因素，并将保险素养细分为保险认知和保险意识两项二级指标，重点关注保险素养受社会宏观情况与个体微观情况影响的同时对参保行为产生的重要影响。

13. 2. 1. 2　保险素养对农户参保的影响作用

保险素养的提高能够增强农户的保险意识，从而使农户更加清楚保险产品的相关信息，与此同时，也能使农户对生活中的潜在风险感知能力提高，进而能够对农户的保险需求产生一定的促进作用，个人对风险的感知对其保险决策有影响，因为它影响了保险支付的意愿，相当于降低风险努力的意愿（Spinnewijn，2013）。换言之，保险素养可通过提高农户的风险感知能力对农户的参保行为产生影响。这表明保险素养对农户参保行为有着直接的影响。农户保险素养水平越高，对风险与成本的衡量越清晰，其参保的可能性越大。另外，保险素养水平的提升能够使农户更加了解保险产品，例如保险产品所涉及的保障责任的界定、保险金额的大小、保费的缴纳方式、责任免除等一系列复杂问题，也能通过评估参保的成本与收益，分析整体的效用大小，通过对比参与保险和不参与保险的效用，来提高分析和决策能力，从而提高对保险产品的信任以及选择能力。在实证中发现，保险素养偏低，对保险产品认识不全面，保险素养对保险决策有正向影响作用，且个体之间存在着认知差异（孟德锋等，2019）。因此，保险素养水平的提升会增强农民参与保险购买的意识与能力。

综上所述，农户保险素养水平越高，对保险产品越了解，对保险产品的认知能力越强，越熟悉参保的业务流程，有助于增强其保险参保意愿。而农民拥有较高的保险素养，往往意味着农民具有一定的风险意识，越能够充分认识到参与保险对分散风险的作用，进而对农业保险有较高的信任度。

13. 2. 2　农户保险素养的指标构建基础

保险素养这一概念是 Tennyson（2011）从金融素养的概念中提取并延伸而来，学界并未对保险素养含义有清晰的界定，本书尝试在已有的理论基础上构建保险素养含义。保险素养主要包括三层含义：一是理解保险术语，对待选的保险产品有足够的了解；二是具备保险认知能力，有投资保险意识，有衡量保险预期收益与风险成本的能力；三是能够正确认识保险的作用和价值，对自身所获取的信息能够进行有效的处理，做出合理有效的保险决策。本书参照李艳（2021）构建保险素养因子的做法，先构建保险认知和保险意识因子，再选取保险认知和保险意识作为保险素养的构建因子，最后将两个保险因子的降维处理结果作为保险素养。保险认知作为保险素养的重要部分，会对农户参保行为决策产生影响。保险认知包含了投资风险相关问题，投资风险即对投资项目进行投资收益与投资成本之间的测算，参保实际上也是一种投资。具备良好保险认知能力的农户可以在投资成本与预期收益之间进行测算衡量，从而做出理性有效的保险决策。保险认知水平较低的农户往往不能对保险产品的收益与成本有清晰的认知。保险认知的提高将进一步促进农户对农业保险的承保风险和理赔金额等农业保险条款的理解能力，同时也会有效推动农户参与农业保险的行为。广东政策性水稻保险调查问卷详细询问了农户农业保险购买及使用情况，就 2022 年课题组的调查结果而言，有 32.4％的农户主要从事农业或水稻方面的工作，67.6％的农户主要从事农业或水稻以外的生产经营，72％的农户将购买水稻保险作为分散风险的辅助手段。本书基于已有文献对广东水稻种植户的保险素养进行构建，并进行研究分析。

13. 2. 3　广东农户保险素养的指标体系

13. 2. 3. 1　数据检验

为了更好地了解广东农户对政策性水稻种植保险的认知以及参保情况，我们小组于 2022 年 7—8 月前往惠州、汕头和清远等地开展实地调研，借鉴学者李艳（2021）和 Tennyson（2011）对保险素养的研究，合理设置有关问卷并构建农户的保险素养体系，将保险认知和保险意识划分为二级指标构建保险素养体系。另外，为了检验数据的有效性与可行性，本章对保险素养相关题目进行了信度检验和相关系数效度检验。最后，按照受访者不同的回答给予相应的赋值，采用主成分分析（PCA）分别得出保险认知与保险意识得分，进而得出保险素养得分的计算公式。

结果表明，保险认知与保险意识两个方面 Cronbach's α 系数分别为 0.72、0.75。保险素养所有测量题项的 Cronbach's α 系数为 0.77，说明该问卷设计信度良好。效度检验采用相关系数进行，检验结果显示，两个维度两两之间的相关系数均小于 0.38，即每个维度之间相关性较低，问卷具有较好的内容效度，同时，每个维度与总保险素养得分之间的相关系数均高于 0.61，表明问卷具有较高的结构效度。

此外，本章对保险素养的构建因子采用因子分析法进行降维，并采用 KMO 检验和 Bartlett 球形检验方法。结果显示，KMO 取值为 0.77 接近 1，Bartlett 球形检验的近似卡方值为 8.641，在 1%的水平上显著，表明变量间的相关性较高，适合进行因子分析。采用主成分分析方法（PCA）得出保险素养的计算公式为：

$$保险素养=0.687\times 保险认知+0.691\times 保险意识 \quad (13-1)$$

13.2.3.2 指标说明

本书主要考察保险素养对农户参保行为的影响，探究在控制变量下保险素养水平对农户保险需求的影响。由于保险素养指标并不能直接观测，故本书将根据问卷中有关问题进行因子构建，进行综合反映。下面将对本书中所涉及的相关变量进行解释。

第一，保险认知。根据现有相关文献，保险认知是人们对保险的认知及认可程度，它体现在人们对于保险的概念、保险产生与风险的相关知识性质的认识，通过应用这些知识作出一致的保险决策能力，对保险素养有着不可忽视的影响。美国保险监督官协会（NAIC）给出的研究表明消费者在购买保险方面的知识和决策技能十分缺乏，大多数农民存在着保险错误观念，导致在参保的时候做出错误选择。前人研究表明，农户的保险知识和应用该知识的能力越高，对保险决策相对越自信，即保险认知水平高对农户的参保行为有积极影响。因此，结合 2022 年课题组的调研数据，参照前人对保险知识评估的做法，选取与政策性水稻保险有关的 5 个知识的正确表述来衡量受访户对农业保险的知识水平，并且将受访户的回答进行赋分：如果回答“是”赋分为“1”，如果回答“否”或者“不知道”赋分为“0”，将 5 个问题的得分进行加权来综合反映出农户的保险认知。

第二，保险意识。保险意识是农户关于保险的思想、观点以及心理行为的反映。它存在于农户的脑海里，并占着主导的作用。它主要体现在农户通过对保险概念和性质的认识产生对保险的需求和感觉。农户通过对保险的态度（即农户对保险知识学习和购买保险的行为态度）和农户对保险的心理反映来改变自身购买农业保险的行为。当农户倾向于规避风险时，具有较高的保险意识，会通过购买农业保险降低潜在风险带来的损失，体现出良好的保险素养。在保险环境中，拥有较高的保险意识在决定保险类型、保险水平和其他保险产品选择的时候具有一定的影响作用，即保险意识越高越能提高农户的保险素养，从而促进农户购买农业保险进行风险规避。本书参照李艳（2021）构建保险意识因子做法，选取五个体现保险意识的问题回答，对回答的结果进行赋分后加权得到保险意识。

统计结果见表 13－3。

表 13－3　变量说明及描述性统计

变量类别	变量名	变量说明	平均值	标准差
因变量	农业保险	2021 年您家是否购买政策性水稻保险？	0.719	0.450
一级自变量	保险认知	①水稻种植保险的保额是 1 000 元/亩吗？是＝1，否＝0，不知道＝0；②水稻种植保险的保费承担比例是农户自负 20%，政府补贴 80%？是＝1，否＝0，不知道＝0；③水稻种植保险期限以一造（一个生长周期）为一个投保周期？是＝1，否＝0，不知道＝0；④人为因素故意造成的损失不在赔付范围内？是＝1，否＝0，不知道＝0；⑤水稻保险采用现场定损方式？是＝1，否＝0，不知道＝0	0.552	0.523
一级自变量	保险意识	①您平时有意愿学习关于保险方面的知识吗？完全没意愿＝1，不愿意＝2，一般＝3，愿意＝4，非常愿意＝5；②您对保险公司的态度是？完全不信任＝1，不信任＝2，一般＝3，信任＝4，非常信任＝5；③您认为当地开展保险教育宣传有意义吗？完全没意义＝1，没意义＝2，一般＝3，有意义＝4，非常有意义＝5；④您认为手机、互联网的普及提升了购买农业保险和获得理赔的便利性吗？不同意＝0，说不准＝3，同意＝5；⑤您认为有必要为水稻种植购买保险吗？没必要＝0，无所谓＝3，有必要＝5	4.448	1.484
二级自变量	保险素养	由一级变量保险认知和保险意识加权构成	3.453	1.097

13.3　实证分析：保险素养对农户参保行为的影响

13.3.1　模型设定

本章基于前文提及的 2022 年实地调研数据，来研究保险素养对我国农户政策性水稻保险购买行为的影响。由于因变量是否购买农业保险为二分类变量，因此本书使用 Probit 模型进行回归分析，检验保险素养与农户政策性水稻种植保险购买行为的关联性，构建模型如下：

$$P(Y_1=1|X_1,X_2)=\Phi(\alpha+\beta_1X_1+\beta_2X_2+\varepsilon) \qquad (13-2)$$

式（13－2）中，Y_1 表示该农户家庭是否购买政策性水稻种植保险；X_1 为本书核心自变量保险素养，由保险认知和保险意识构成；X_2 为控制变量，包括年龄、性别、婚姻状况、健康状况、在家种地多少年、是否在城镇购房、当前是否有计划发展规模化水稻种植、您是否认为对自己的土地有特别的感情和未来五年您是否愿意从事水稻生产。X_1、X_2 的回归系数分别为 β_1、β_2，独立同分布的随机误差项用 ε 表示。

13.3.2　实证检验

本章基于 Stata 14.0 软件和 SPSS 软件，探究保险素养对农户政策性水稻种植保险购买行为的影响。在式（13－2）中，保险素养变量在构建过程中，可能出现由遗漏变量、变量测量偏差和逆向因果关系等引发的内生性问题。为了较好地解决这类问题，本章将进一步采用工具变量法的相关模型（IV-Probit）进行回归。参考前人关于工具变量的选取方法，借鉴李韬等（2020）对工具变量的选取，本章以同一村庄同一收入水平其他种植户保险素养平均水平作为工具变量，用两阶段最小二乘法进行估计。在进行两阶段回归前，需要进行内生性检验和过度识别检验，本书用 Wu-Hausman 检验来考察保险素养变量是否存在内生性问题，用工具变量第一阶段 F 值来判断是否存在弱工具变量的问题。实证结果如表 13－4 所示。

表 13－4　农户保险素养对其参保行为的实证结果

变量	Probit	IV-Probit
保险素养	0.254*** (0.032)	0.626*** (0.152)
性别	−0.036 (0.074)	−0.026 (0.071)
年龄	0.007* (0.004)	0.015** (0.007)

（续）

变量	Probit	IV-Probit
健康状况	−0.008 (0.072)	−0.030 (0.070)
婚姻状况	0.045 (0.095)	0.028 (0.092)
家庭年收入	0.006 (0.012)	0.002 (0.003)
在城里买房	−0.070 (0.121)	−0.027 (0.117)
在家种地多少年	−0.007* (0.004)	−0.014* (0.008)
当前是否有计划发展规模化水稻种植	0.365*** (0.099)	0.321*** (0.102)
您是否认为对自己的土地有特别的感情	−0.179*** (0.043)	−0.140*** (0.047)
未来五年您是否愿意从事水稻生产	−0.144 (0.151)	−0.049 (0.050)
DWH 检验	—	336.20***
第一阶段 F 值检验	30.10***	13.18***
Wald 值	—	59.16***
样本量	450	

注：***、**、* 分别代表 1%、5%、10%的显著性水平，括号内为标准误。

13.3.3 实证结果分析

由 Wu-Hausman 内生性检验结果可知，显著性水平 P 值小于 0.01，表明保险素养变量具有内生性。由第一阶段回归结果显示，是否有获得农业保险理赔的经历对其保险素养的影响在 1% 的水平上显著，且工具变量 F 值为 13.18，大于临界值，不存在弱工具变量问题；由两阶段回归估计结果可知，*W*ald 值为 59.16，且 *W*ald 统计量的 P 值小于 0.01，则说明建立的两阶段回归是有效的。因此，本章将进一步以工具变量法（IV-Probit）作为分析结果进行分析。

第一，在控制了农户的个人特征和家庭特征变量后，在1%的水平上，保险素养通过显著性检验，即农户的保险素养对其参保行为具有显著的正向影响效果。由IV-Probit可知，保险素养每增加一个单位，农户参保率平均增加0.626。可能的原因是保险素养越高的农户，具有更深的保险知识储备，对保险的接受能力更高，能充分理解保险条款与合同，也能更好地权衡风险与收益。因此，提高农户的保险素养有助于农户正确认识保险，并帮助农户意识到保险是管理风险和降低损失的有效手段，从而增加保险需求，促进参保行为。

第二，年龄、种地年限、是否计划发展规模化水稻种植、农户对土地的感情等变量对其参保行为具有显著的影响。年龄在5%的统计水平上对农民政策性水稻保险参与行为具备显著的正向影响，表明在其他因素不变的情况下，受访农户年龄越大，保险购买的可能性较大；在家种地年限变量在10%水平上显著，农户种地年限增加一个单位，农户参保率平均减少0.014；是否有计划发展规模化水稻种植在1%的水平上显著，表明规模化生产可能面临更大的收益与风险，因此投入保险保障的可能性更高；对自己土地存有特别感情这一变量在1%水平上显著，表明农户对土地的感情每增加一个单位，农户参保率平均减少0.140。

第14章　素养教育助推农业保险高质量发展的广东典型：广东人保的农业保险素养教育示范基地

14.1　基本情况：广东人保的农业保险素养教育示范基地

14.1.1　广东人保的农业保险素养教育示范基地建设背景

中国人民财产保险股份有限公司广东省分公司（以下简称广东人保），是国有大型骨干保险机构及省政府重点支持的大型骨干企业。党的二十大报告要求要坚决打好防范化解重大风险攻坚战。为贯彻落实《国务院办公厅关于加强农企农户权益保护工作的指导意见》，持续增强农企农户的自我保护意识和风险责任意识，广东人保于2021年10月29日正式加入粤港澳大湾区金融素养教育公益联盟，与南方日报共建业内首个“乡村振兴保险素养教育示范基地”，进一步服务广东社会经济高质量发展，为乡村振兴战略实施注入强大动力，向大众普及金融消费安全知识以提高国民保险素养，营造良好的金融消费保护环境。在广东人保农业保险的贴心保障下，广东百姓的“米袋子”“果盘子”“菜篮子”琳琅满目，多种神秘的“保”藏力量在发挥作用。

14.1.2　广东人保的农业保险素养教育示范基地实施方案

2021年10月，广东人保依托“粤港澳大湾区金融素养教育公益联盟”，与南方日报共建了“农业保险素养教育示范基地”，旨在借助南方日报“大湾区”系列招牌，与之形成宣传合力，提高农业保险在广大农户心中的认可度。秉承着“人民保险，服务人民”的初心使命，广东人保通过“1个计划＋1个联盟＋多个基地＋1场评选＋1系列大讲堂＋若干报告/探讨会”全方位打造农业保险素养教育示范及农险宣传第一阵地，充分发挥农业保险“减震器”和“稳定器”的积极作用。广东人保推动农业保险素养教育示范基地发展实施方案梳理如表 14－1 所示。

表 14－1　乡村振兴保险素养教育示范基地实施方案梳理

要求总则	要求细则	工作重点
总体要求	指导思想	以习近平新时代中国特色社会主义思想为指导
	发展目标	1. 探索出更多元的农险知识触达群众的形式，以通俗易懂、喜闻乐见的方式让更多农企农户深入了解农业保险这一国家支农惠农政策 2. 增强农企农户风险防范意识和能力，提升获得感和幸福感 3. 充分发挥农业保险“减震器”和“稳定器”的积极作用，全力支持国家乡村振兴战略，促进农业农村现代化建设
建设任务	建设任务	1. 打造乡村振兴保险素养教育创新平台 2. 完善农业保险素养消费安全评价体系 3. 提高农业保险素养教育的科学性 4. 探索更加丰富的农业保险素养教育手段 5. 推动成立粤港澳大湾区金融素养教育公益联盟 6. 满足广大农村、农民对高质量保险素养知识的需求，为乡村振兴贡献一份力量
建设主体	实施主体	南方日报与广东人保等 28 家金融机构、行业协会
	监督主体	广东省地方金融监管局、人民银行广州分行、广东银保监局、广东证监局
建设要求	主体责任	1. 涵盖财富管理、普惠金融、互联网理财、互联网保险、支付安全、期货、基金、绿色金融、乡村振兴、跨境金融等主题 2. 针对老年人、青少年、环卫工人、金融从业者及大湾区居民等重点人群开展农业保险素养教育工作 3. 从农业保险安全、服务、市场、政策等方面开展农险知识的普及和教育，通过丰富多彩、形式多样的特色宣传活动，帮助民众树立正确的金融观念，提升民众农业保险素养
	规划引导	《“粤港澳大湾区金融素养提升计划”实施方案》
	扶持政策	《关于大力推动农业保险高质量发展的实施意见》 《国务院办公厅关于加强金融消费者权益保护工作的指导意见》
	宣传引导	通过线上线下渠道普及金融知识和风险防范技能，探索金融素养知识新载体、新渠道、新模式

14.2 主要做法：基地助推农险需求侧高质量发展的措施

14.2.1 广东人保农业保险素养教育示范基地的核心工作

广东人保农险素养教育示范基地，致力于成为粤港澳大湾区最具影响力的农险知识宣传普及平台。为充分打造乡村振兴保险素养教育示范基地，广东人保积极动员部署各地市全条线人员，广泛挖掘一线需求侧农险相关素材，积极配合做好各项农险专题宣传工作。为提升宣传内容质量，广东人保秉承“报道应见人见故事”的原则，线上线下多元并进，创新探索出了农险知识多元化触达群众的措施，其工作内容与工作重点梳理如表 14-2 所示。

表 14-2　广东人保农业保险素养教育示范基地工作梳理

时间	工作措施
2021 年 10 月 29 日	1. 联合南方日报有关部门共同组建金融素养教育公益联盟 2. 充分发挥各部门、各机构的独特优势，建立常态化沟通机制
2021 年 10 月 29 日	共建金融安全教育示范基地，推出首批“粤港澳大湾区金融素养知识官”
2021 年 10—12 月	举办“粤港澳大湾区金融安全教育领航者”评选，遴选一批在金融消费安全教育方面表现突出的机构和从业者，以评促建，营造全方位保护金融消费者的良好环境
2021 年 11 月 24 日	南方日报、“南方＋”客户端推出“首席知识官开讲”系列专访，由人保财险广东省分公司副总经理方晓栋担任首批金融素养首席知识官，为大湾区金融素养知识宣传普及提供全方位的智力支持
常态化	联合南方日报通过“线上＋线下”的方式举办大湾区金融素养教育大讲坛 线上方式： 1. 依托“金融 C 计划”打造全新的“金融安全公开课”系列 2. 邀请金融监管部门负责人、金融机构，通过直播、短视频等方式每周制作 1～2 个金融安全短视频产品，举办 3 次金融公开课，并在“南方＋”重要位置进行推送呈现 线下方式： 联合有关部门、金融机构、地方政府部门共同走入各地，加强老人、学生、蓝领等重点人群的金融教育工作
2021 年 12 月初	发布《2021 粤港澳大湾区金融素养白皮书》，举办研讨会及发布主题特刊，并围绕“如何打造金融消费安全环境”等议题展开讨论
2022 年 1 月 17—28 日	开启金融 C 计划·公开课特别策划——《“保”藏粤味》农险课堂

14.2.2　广东人保农业保险素养教育示范基地的重要举措

14.2.2.1　持续输出农险知识宣传教育图文、金融知识科普文章、原创视频海报

随着我国金融市场的深化发展及金融创新活动的不断涌现，金融产品与服务日益普及并渗透到社会生活的各个方面。广东人保财险将农险宣教嵌入公司经营全流程，与“温暖工程”相关任务紧密衔接，形成多方参与、上下联动、协同配合、及时有效的保险素养教育工作格局，发挥保险素养教育在工作中的前置预防、答疑解惑和舆论引导作用，有效防止风险聚集和蔓延。另外，广东人保充分利用各种传统及新兴大众传播工具，通过“线上＋线下”方式广泛开展日常和集中主题宣传教育活动，推动创建保险机构与地方群众双向信息交流的有效渠道，加强与社区、行政村合作联系，利用社区、行政村宣传栏、公示栏等不断拓宽农业保险消费者宣传教育渠道。

14.2.2.2　推出“首席知识官开讲”系列专访

为了探索更多元的农险知识触达群众的形式，更好提升金融素养教育的效果，2021 年 11 月 24 日，广东人保的农业保险素养教育示范基地与南方日报、“南方＋”客户端联合推出“首席知识官开讲”系列专访，人保财险广东省分公司副总经理方晓栋受邀作为首批金融素养首席知识官，为大湾区金融素养知识宣传普及提供全方位的智力支持。方晓栋在专访中以“在大湾区构建金融素养教育新格局刻不容缓”为主题，重点提及了当前我国金融消费者金融素养现状及挑战，并对普通金融消费者应该从哪些方面提高自身金融素养提出了宝贵意见，最后分享了广东人保财险金融素养教育的工作规划。

14.2.2.3　举行金融 C 计划·公开课特别策划——《“保”藏粤味》农险课堂

广东省共有 11 个国家级、46 个省级特色农产品优势区，多个农业特色产业链。2022 年 1 月 17—28 日，广东人保联合南方日报、“南方＋”客户端推出金融 C 计划·公开课特别策划——《“保”藏粤味》农险课堂，通过精选的 10 道经典年夜饭家常粤菜，揭秘粤味背后的 23 种“保”藏力量。农险课堂形式多样新颖、内容生动丰富，创新性地将美食与农业保险相结合，将农业保险知识变得富有趣味，凸显广东人保财险特色农险多元化优势。农险课堂具体内容见表 14－3。

表 14-3 《“保”藏粤味》农险课堂农险知识汇总

农险课堂日期	主题	保险种类	保险知识	广东人保的相关举措
2022 年 1 月 17 日	陈皮老鸭汤	陈皮柑种植保险	1. 陈皮由陈皮柑制作陈化而成，陈皮柑可享受种植保险保障 2. 在保险期间内，受保险条款列明的自然灾害、意外事故、虫害等原因直接造成保险陈皮柑树及果实死亡或产量损失，保险公司按照合同约定负责赔偿	2017 年，广东人保首创陈皮柑种植保险，为新会等核心产区的陈皮柑提供每亩 1 000～5 000 元不等的风险保障
		肉鸭养殖保险	除了疾病、疫病、自然灾害、意外事故等原因直接造成保险肉鸭死亡之外，或发生如“禽流感”等高传染性疫病，政府强制扑杀死亡的情况，保险公司都会按照保险合同约定进行赔偿	政策性肉鸭保险财政补贴达 70%，农户只需自缴 0.12 元，即可获得每只 20 元的保险保障。2020 年广东省推动农业保险高质量发展以来，广东人保为全省肉鸭提供超 1.33 亿元风险保障
		中药材种植保险	在保险期间内，受保险条款列明的自然灾害、意外事故、病虫草鼠害等原因直接造成保险中药材的损失可按照合同约定获得赔偿	广东人保已在茂名、梅州、清远、阳江、云浮、广州、河源等地市，为化橘红、广藿香、春砂仁、益智、板蓝根、岗梅、两面针、三叉苦、茅根等数 10 种中药材提供风险保障
2022 年 1 月 18 日	潮汕卤水狮头鹅	狮头鹅养殖保险	狮头鹅经济价值高、养殖成本贵，养殖户对保险保障有着迫切的需求。在潮州实施了享受财政补贴的政策性保险，从而为狮头鹅养殖户保驾护航	1. 2022 年 1 月，人保财险在汕头落地首单商业性鹅养殖保险 2. 2021 年 10 月 27 日，人保财险饶平支公司签出全省首单“政策性狮头鹅保险”，为饶平县财佳农业科技有限公司的 2 100 羽狮头鹅种鹅和 3 000 羽肉鹅提供了 135 万元保额的风险保障 3. 人保财险为狮头鹅产业链提供“保险＋”服务，进入广东人保财险公众号，即可在“物只卤鹅”线上商城下单购买到正宗的潮汕卤水狮头鹅，促进农民增收

（续）

农险课堂日期	主题	保险种类	保险知识	广东人保的相关举措
2022 年 1 月 19 日	清蒸海鲈鱼	海鲈养殖保险	近海养殖受天气影响大，养殖海鲈面临多重风险，养殖户亟须系上“安全带”。海鲈养殖保险可对海鲈养殖过程中的自然灾害以及疾病疫病提供风险保障，同时养殖户可以通过保单增信的作用获得优惠的贷款，通过“保险＋银行＋产业”解决农业生产融资难贷款贵的问题。在珠海，政府部门还专门出台了财政补贴政策性白蕉海鲈养殖保险	2016 年，广东人保在珠海市首创水产品价格指数保险方案，落地了首单海鲈价格指数保险。2020 年保障程度进一步提高，保险方案更加惠民，区财政补贴比例为 80%，农户仅需自付 20%的保费，且定损、理赔迅速，有效解决了养殖户扩大养殖规模的后顾之忧
		海鲈养殖价格指数保险	海鲈价格指数保险则是帮助养殖户抵御市场风险的重要工具，广东人保在珠海落地了政策性海鲈养殖价格指数保险项目，按照每亩海鲈年产值，以与养殖户协商确定的目标价格为标准，设置保险价格，如果海鲈实际销售价格低于保险目标价格，养殖户就可以按照差价拿到保险赔款	
		水产养殖风力指数保险	水产养殖风力指数保险以全市水产品为保险标的，设置两层风圈作为受灾依据，覆盖了珠海市所有水产品养殖户，财政补贴比例高达 80%。该保险项目累计可为海鲈养殖户提供 3 亿元风险保障，海鲈养殖户只需自缴保费 750 元，每亩便可获最高 5 万元的赔付，有效防范了近海养殖最担忧的台风灾害	
2022 年 1 月 20 日	白切鸡	肉鸡养殖保险	这是传统的养殖险，保障了养殖户的成本。在保险期间内，受保险条款列明的疾病、疫病、自然灾害、意外事故等原因直接造成保险肉鸡死亡，或发生高传染性疫病，政府强制扑杀死亡的，保险公司按照保险合同约定负责赔偿。肉鸡养殖保险财政补贴比例为 70%，农户只需自缴 0.18 元，即可获得每羽 30 元的保险保障。广东是肉鸡养殖大省，该险种连续两年被纳入中央财政以奖代补特色险种范围	2021 年，广东人保在全省各地市为超 3.5 亿只肉鸡提供超过 105 亿元风险保障

（续）

农险课堂日期	主题	保险种类	保险知识	广东人保的相关举措
2022年1月20日	白切鸡	鸡饲料期货价格保险	这种创新型的保险品种为养殖户的市场风险提供了防御保障。饲料价格上涨是影响养殖户收入的重要因素，为规避市场风险，锁定预期收益，保险公司按照单位肉鸡的饲料成本，与养殖户协商确定玉米、豆粕等大宗原料的目标价格，并通过期货公司在期货市场进行风险对冲。如果饲料实际价格高于目标价格，养殖户就可以按照差价获得保险赔款	2021年12月，广东人保为惠州某农牧有限公司的500余万羽肉鸡提供了6 000万元的鸡饲料价格风险保障，有效化解了养殖户因鸡饲料价格上涨而面临的市场风险
2022年1月21日	白灼虾	对虾养殖风灾气象指数保险	广东是水产养殖大省，其中南美对虾等多个品种的养殖产量居全国第一，为帮助养殖户应对自然灾害，阳江市首个水产养殖风灾气象指数保险应运而生。保险期限内，一旦受保对虾所在区域的风力指数达到合同约定的起赔标准，即视为发生保险事故，被保险人将按照合同约定获得相应赔偿	2021年3月，人保财险阳江市分公司率先落地商业性对虾养殖风灾气象指数保险，共承保对虾100亩，为被保险人提供50万元的风险保障。投保后，当虾塘所在区域的风雨灾害触发保险责任时，人保公司就会按照气象数据对其进行赔偿，无需客户报案，也无需实地查勘，保险责任会自行触发，从而实现高效、精准理赔
2022年1月22日	鲍汁鲍鱼	鲍鱼苗台风灾害及价格指数综合保险	这是针对鲍鱼苗养殖的一揽子保险解决方案，包括抵御台风灾害和市场价格下跌两方面风险的保险保障 1. 台风灾害指数部分：在保险期间内，保险鲍鱼苗所在区域遭遇热带气旋且台风中心附近最大风速达到或超过约定阈值时，视为保险事故发生，保险公司按照保险合同的约定负责赔偿。台风中心附近最大风速以县级及以上气象部门发布的灾害通告为准 2. 价格指数部分：在保险单载明的保险鲍鱼苗集中上市期内，若保险鲍鱼苗销售平均价格低于保险价格时，视为保险事故发生，保险人按照本保险合同的约定进行赔偿	2021年11月25日，由人保财险签出的全国首单鲍鱼苗养殖台风灾害及价格指数综合保险落地鲍鱼之乡——广东揭阳惠来县。这也是当地的一款政策性保险，在保费方面，参保养殖户实际只需自缴30%的保费，其余70%由各级财政承担，通过保险保障功能，增强鲍鱼产业链的抗风险能力

（续）

农险课堂日期	主题	保险种类	保险知识	广东人保的相关举措
2022 年 1 月 22 日	鲍汁鲍鱼	水产养殖保险	广东不仅是水产消费大省，更是水产养殖大省，水产养殖成本高、风险大，水产养殖保险是养殖户“保成本”的主要选择。在保险期间，由于暴雨、台风、低温等自然灾害以及自然灾害导致停电造成的水产死亡达到养殖数量 15%以上的，以及疾病、疫病原因直接造成水产死亡达到养殖数量 10%以上的，保险公司按照合同约定赔偿损失	
2022 年 1 月 23 日	菠萝咕噜肉	生猪养殖保险	广东是生猪养殖大省，传统生猪养殖保险细分为能繁母猪、种猪、育肥猪及仔猪养殖保险。在保险期间内，由于非洲猪瘟等疾病、疫病和暴雨、洪水、台风等自然灾害以及泥石流、山体滑坡、火灾、建筑物倒塌等事故造成的生猪死亡，保险公司按照合同约定进行赔偿	广东人保于 2021 年 2 月在佛山落地全国首单流转期待宰生猪保险，为传统生猪养殖保险增加了从生猪出栏、运输、待宰、屠宰、成品质量保证全过程的风险保障。2021 年，广东人保为全省超 1 400 万只生猪提供超过 140 亿元风险保障
		生猪期货价格保险	与生猪养殖保险“保成本”不同，生猪期货价格保险是“保收入”，这类产品基于“保险+期货”模式，利用场外看跌期权，实现以较小的成本规避生猪价格下跌风险。若市场价格上涨，投保人可直接以高价销售生猪；若价格下跌至目标价格之下，则得到相应的差价补偿。这种创新产品利用金融衍生品的风险转移实现价格风险市场定价，稳定生猪销售收入，发挥保供稳价作用	
		菠萝产值保险	广东湛江徐闻县是中国菠萝之乡。2019 年，广东人保于徐闻落地全国首单政策性菠萝产值保险，该险种以菠萝为保险标的，由各级财政提供保费补贴，当菠萝生长期遭受自然灾害、意外事故、病虫鼠害、野生动物毁坏，以及在出售期价格下跌导致实际总产值低于保险金额（约定产值）时，保险公司就会向种植户进行保险赔偿	菠萝产值保险推出后受到种植户的欢迎，荣获“广东省最受欢迎金融支农产品”奖和农业农村部金融支农创新项目资金支持。2021 年，人保财险湛江市分公司累计承保 19 万亩菠萝，提供风险保障超 6 亿元

(续)

农险课堂日期	主题	保险种类	保险知识	广东人保的相关举措
2022年1月24日	啫啫生菜煲	蔬菜种植保险	“农作物种植”是个靠天吃饭的行业，对抵御自然风险的保险保障有着刚需。蔬菜种植保险可以有效化解因自然灾害、病虫草鼠害等原因直接导致的蔬菜损失风险	2021年，广东人保为全省超17万亩蔬菜提供超过3亿元风险保障
		蔬菜种植气象指数保险	蔬菜种植气象指数保险选取“降雨量”“大风”“光照”“气温”等气象因素为触发理赔的条件，在保险期间内，蔬菜种植所在区域的任一保险指数达到保险合同约定的起赔标准时，视为保险事故发生，保险人按照保险合同的约定负责赔偿。保险指数以气象部门审核发布的保险蔬菜所在地域的气象站观测的数据为准，气象站点名称、编号及经纬度须在保险单中载明	
		蔬菜种植大棚保险	自然灾害或意外事故造成蔬菜大棚的损坏，也会让种植户遭受重大损失。因此，蔬菜种植大棚保险应运而生，在保险期间内，由于下列原因直接造成保险种植大棚的损失，保险公司依照保险合同的约定负责赔偿： 1. 暴雨、洪水（政府性蓄洪除外）、内涝、风灾、雹灾、地震； 2. 泥石流、突发性滑坡、爆炸、崖崩、火灾、建筑物倒塌、空中运行物体坠落	
2022年1月25日	干炒牛河	肉牛养殖保险	在保险期间内，因自然灾害、意外事故、疾病、疫病等原因直接造成保险肉牛的死亡或发生高传染性疫病，政府强制扑杀死亡的，保险公司按照保险合同约定负责赔偿。此外，肉牛养殖户还可将保单“质押”，以作为融资增信手段，有效破解肉牛养殖融资难、融资贵的问题	2021年3月，广东人保在监管部门的指导支持下，联合银行等金融机构，创新推出“肉牛活体抵押+保险增信+银行授信”的模式，落地全省首个“肉牛活体抵押贷款”产品

（续）

农险课堂日期	主题	保险种类	保险知识	广东人保的相关举措
2022 年 1 月 25 日	干炒牛河	水稻种植保险	制作河粉的原材料稻米是最主要的粮食作物之一，水稻产业的发展直接关系到国家粮食安全。水稻种植保险是保障粮食安全的重要金融机制	广东人保坚决扛起保障粮食安全“国之大者”的政治责任，早在 2010 年就独家承担了全省 6 个地市水稻保险试点工作。除了传统的水稻种植保险，广东人保还在积极服务“南粤粮安”工程和“粤强种芯”工程，大力推广水稻制种保险，不断在种业保险方面力争突破，护航种业发展。2021 年，广东人保为全省 1 115 万亩水稻提供超 111 亿元风险保障
2022 年 1 月 26 日	岭南特色水果拼盘	岭南特色水果种植与果实损失保险	保险期间内，因自然灾害、意外事故、病虫草鼠害等原因直接造成保险果树断茎、死亡或水果产量损失，保险公司依照保险合同约定负责赔偿。种植户只需负担 20%保费，即 60 元或 90 元（根据区域风险状况实行差异化费率），即可获得每亩 3 000 元的保险保障	2021 年，广东人保为全省超 187 万亩岭南特色水果提供超过 57 亿元风险保障
		岭南特色水果气象指数保险	保险期间内，岭南特色水果所在区域的气象指数达到保险合同约定的起赔标准时，视为保险事故发生，保险公司按照保险合同的约定负责赔偿。气象指数包括最大风速、日降雨量、日最低气温等，以气象部门发布的保鲜水果所在区域的气象站观测的数据为准	
		岭南特色水果价格指数保险	保险期间内，因市场价格波动造成岭南水果集中上市期平均批发价低于约定目标价格时，即可启动赔付，最高可获得 3 000 元/亩的保障	2021 年 3 月，广东人保于梅州市落地首个金柚价格指数保险，实现从“保产量”向“保价格”的突破

14.3 取得成效：保险素养教育促进农险发展的作用效果

14.3.1 多元主体普及农业保险知识效果显著

广东人保农业保险素养教育示范基地搭建了高规格、权威性的金融宣教平台，加大了农业保险互动宣传及政策宣传覆盖面，在南方日报、网易新闻、搜狐新闻、腾讯新闻、深圳热线、微信公众号等大众需求端持续输出农险知识宣传教育图文、农险知识科普文章，制作原创宣传海报。其中，在 2022 年春节期间，广东人保依托与南方日报共建的“农业保险素养教育示范基地”，推出《“保”藏粤味》系列公开课，通过介绍 10 道经典粤味年夜饭菜品，用通俗易懂的方式向农民讲解金融保险知识，提升农民金融素养水平，达到微信公众号推文阅读量及南方日报点赞量总计破万、全平台点击破百万的良好效果，营造了良好舆论环境，是普及农业保险知识的一次全新尝试和突破。

14.3.2 需求端增强农户风险意识与认知素养

广东人保农业保险素养教育示范基地寓教于乐，通过纸媒报道、专题报道、网络公开课等丰富多样、生动活泼、喜闻乐见的宣传形式，让更多农企农户多渠道深入了解农业保险这一国家支农惠农政策，增强风险防范意识和能力，强化农村金融认知素养教育。

基地由浅入深从需求端着手科普农业保险产品的相关概念和其他重要信息，农户的风险意识和认知素养得到了显著提升。第一，更多的农户开始积极主动地加强对金融保险知识的学习，提高自身的特色农业保险认同感和学习积极性，并提高了农险政策的敏感度。第二，农户更清晰地认识到农地经营中所面临的风险，增强了风险防范意识，从而激发农户对农业保险产品的购买积极性，提高农户农业保险的参保率。第三，农户保险素养水平的提升大大促进了农户对保险产品的综合评价能力，即通过评估参保的成本与收益，分析整体的效用大小，通过对比参与农业保险和不参保农业保险的效用，来提高分析和决策能力，从而提高对农业保险产品的选择能力。第四，农户保险素养水平越高，意味着对农业保险产品的认知能力越强，获取农业保险政策越及时准确，也更加熟悉参保的业务流程，越有助于增强其农业保险参保意愿。

14.3.3　提高农险产品在农户心目中的认可度

广东人保农业保险素养教育示范基地宣传力度和影响力超乎寻常，大大提高了公司农险工作在监管主体面前的曝光度和公司农险产品在广大农户心中的认可度。

一方面，广东人保农业保险素养教育示范基地在公开课中介绍了许多政策性保险，公司农险产品在广大农户心中的认可度显著提高。2021 年，广东人保财险承保水稻 1 115 万亩、水果 209 万亩、生猪（含母猪）1 459 万头次，肉鸡 3.1 亿羽，林木 3 464 万亩，支付赔款 14.2 亿元，赔款支出位居行业首位。公开课通过介绍保险保障功能，使农户能更准确地评估风险和收益，从而更关注与自身息息相关的一些优惠政策，进而更理性地参与农业保险市场。

另一方面，广东人保农业保险素养教育示范基地突破了先前农险发展制约，形成了农险推动现代农业的发展合力。针对现代农业的保险缺位问题，广东人保为特色农业，如蔬菜大棚、大樱桃、草莓等种植业和猪鸡等家畜家禽、海参等水产品养殖业搭建了多层次农险产品体系。2021 年新开发落地产品达 45 个，累计开办特色农险产品数量超过 70 个，覆盖肉蛋鱼禽、林果茶药、油米糖蔬等 20 余种。依据数据反馈，大众对养殖保险关注度最高，《“保”藏粤味》系列公开课中向农户详尽介绍了许多特色创新型的养殖农险，如全国首单流转期待宰生猪保险，全省首个“肉牛活体抵押贷款”，大大减少了农业保险供给约束，提升了农户对购买保险产品的综合评价能力和决策能力。

14.4　结论与启示

在“政府＋银行＋保险”三位一体的综合支持下，广东人保农业保险素养教育示范基地促进农险发展的作用效果显著，主要体现在农险知识、农险素养、农险产品的认可度三大方面。现代农业发展的保障新模式初显雏形，金融支持现代农业发展的综合力量逐步增强。基于上述结论，为更好发挥农业保险高质量发展“助推器”的作用，提高农民风险转移能力，推进保险更好地服务“三农”，以促进乡村振兴战略实施，本章得到如下启示。

14.4.1　多元主体推进基地建设，进一步健全制度与工作机制

作为素养教育助推农业保险高质量发展的广东典型，广东人保农业保险素

养教育示范基地的系列活动受到各个监管主体的重点关注，与南方日报双方投入大量资源，提供了金融安全教育工作新平台，发布一系列特色鲜明、要素高度聚集、创意富有趣味的农险讲堂和农险知识公开课，成为农险发展需求侧的“新平台”、乡村产业振兴的“减震器”、农民农业收入的“稳定器”。在此基础上，广东人保应持续推进农业保险素养教育示范基地建设，进一步建立健全工作机制，强化各方资源统筹，加强交流合作，充分发挥各部门、各机构的独特优势，形成社会各界合力共治，从而推动广东省农业保险素养教育健康有序发展。

保险素养教育是促进农险发展，实施乡村振兴战略的重要抓手。推进农户保险素养水平整体提升，是政府建立金融风险防范和化解体系的重要基础性工作，对推进城乡金融市场互联互通，实现金融深度融合具有重要意义。广东人保农业保险素养教育示范基地已成为保险素养教育高质量发展的不竭动力，相关部门应加以监督，以确保农业保险素养教育示范基地行稳致远，长期高质量发展。

14.4.2 丰富素养基地教育活动，完善联农带农利益联结机制

首先，在基地活动形式方面，以往的广东人保农业保险素养教育示范基地系列活动大多停留于线上，线下活动的举办基础较为薄弱。广东人保应认识到在农村地区普及保险知识、提升农民保险素养的重要性，重点关注基地实体建设，依据农村地区的特点，有针对性地制定农民保险素养提升规划与方法。例如，可定期组织农险素养教育示范基地活动人员到附近农村地区开展保险知识讲座、进行保险业务办理培训等，以此提升农业保险产品的针对性和有效性，提高农户对农业保险的参保意愿和满意度。其次，在服务农业产业现代化方面，广东人保财险应继续完善联农带农的利益联结机制，从农户需求端出发，充分利用全国信用信息共享平台和金融信用信息基础数据库，借助科技的推动作用，运用大数据分析，发掘符合地方特色的现代农业差异化风险保障需求，并因地制宜地针对不同保障需求创新开发各项特色农险产品。实现农业保险从“输血”到“造血”模式转变，共同为现代农民提供全流程、特色化、高保障的“一揽子”农业保险产品服务。

14.4.3 拓宽基地金融宣教渠道，提升农户对农险产品认可度

政府及金融机构的支持带动在前期对于农险素养教育示范基地发展作用

较为明显，但要实现基地的长期发展和对农户农险产品认可度的持续推进关键还在农村发展的内生动力。因此，在宣传和普及金融知识时，可以拓宽渠道，选择抖音、快手等平台，以新闻资讯、文章或短视频等百姓喜闻乐见的方式方法，提高群众的认同感和学习积极性，寓教于乐，提升群众的金融素养水平。

第五部分　结　　语

第五部分为本书结论篇章，是对整个研究的总结与升华，基于前文研究结论，借鉴国内外农业保险高质量发展经验，对促进广东农业保险高质量发展提出政策建议，并对全书进行总结性评价和延伸讨论。该篇的撰写目的主要有二：一是总结国内外农业保险高质量发展的做法，形成可借鉴的经验；二是为读者总结本研究的主要观点与结论，提出对策建议。第五部分包括 2 个章节，核心内容为经验借鉴、结论与讨论。

第 15 章为国内外农业保险高质量发展的经验借鉴。该章是从国内外成功案例着手，分析总结广东省以外其他国家、地区在农业保险高质量发展过程中的成功经验。第一，对美国、日本和法国等国外成功经验进行总结；第二，对甘肃省、湖南省、福建省等国内成功案例进行总结；第三，结合国内外做法总结经验、提出启示。

第 16 章为结论与讨论。该章是基于前文所有章节的研究分析，做出总结性评价，形成一般性观点，并提出有针对性的对策建议。一方面，对政策支持与农业保险市场发育、数字技术与农业保险供给侧高质量发展、认知素养与农业保险需求侧高质量发展等内容做出总结；另一方面，结合本研究研究结论、国内外成功经验，提出广东省未来进一步推进农业保险高质量发展的对策建议。

第 15 章　国内外农业保险高质量发展的经验借鉴

15.1　国外部分发达国家发展农业保险的有益经验

15.1.1　部分发达国家农业保险的发展概况

15.1.1.1　美国的农业保险

美国现行农业保险是以政府宏观管理、商业保险公司经营为特征的模式。该模式下，美国农作物保险的种类非常丰富，可参保作物多达 120 余种，19 家美国私营保险公司经营提供 20 余种农作物保险计划和 200 多万张农作物保险保单，承保面积接近 3 亿英亩。

美国农业保险历史较长，其经营模式经历了从“单轨制”到“双轨制”的转变，最后又回到“单轨制”的模式，大致可分为三个阶段。第一阶段，试办阶段（1938—1980 年），这一阶段是政府单独经营的“单轨制”，1938 年政府颁布第一部农业保险法《联邦农作物保险法》，美国政府建立联邦农业保险公司试办联邦农作物保险，但政府管理农业保险成本较高，农民参与度较低。第二阶段，加速发展阶段（1980—1996 年），这一阶段是政府机构与商业性保险公司共同经营农业保险的“双轨制”，美国开始全面推广农作物保险，引进私营（商业）保险公司和保险代理人参与政府农作物保险的经营和产品销售，逐步扩大作物的承保范围，放开开展保险业务的地区，对农作物保险实行补贴（补贴纯保费的 30%）。第三阶段，1996 年至今，美国农业保险进入了政府监督、私营公司经营的“单轨制”时代，联邦农作物保险公司逐步退出农作物保险直接业务的经营，只负责制定规则，履行稽核和监督职能，并提供再保险，私营农业保险公司负责全部农业保险业务。

经过长期的发展与不断完善，现阶段美国农业保险的运营体系可分为三个层次。第一层是联邦农作物保险公司（以下简称 FCIC）和美国农业部风险管理局（以下简称 RMA），FCIC 成立于 1938 年，是美国农业部下属机构，受联邦政府经营管理资金的资助，现在FCIC主要负责对美国农作物保险进行监督管理、组织规划、保费厘定等。为了加强对农业的风险管理，1996年美国农业部成立风险管理局，相对独立于农业部，在全国设置12个分支机构，FCIC所有的职责都由RMA负责履行。RMA主要负责全国性险种条款的制定与费率厘定、向私营农作物保险公司与农户提供费用补贴、制定作物定损标准和通用定损标准、为私营农业保险公司提供再保险、监管保险公司、监督农业保险法律法规实施情况与汇报农业保险发展情况。第二层是有经营农业保险资格的私营商业保险公司，是农业保险业务的直接参与主体，负责农业保险产品的开发与销售，充分发挥市场机制，同时接受FCIC的监督与管理。第三层是农业保险相关的代理人与查勘核损人，保险代理人作为整个农业保险体系中的实际操作人员，负责直接与农户进行合作，避免了农业保险的中间环节，可提高保险运作效率，保障农民收入水平。

目前，美国对农作物收入保险的补贴不仅力度大，而且补贴制度十分合理完善。第一，保费补贴。实行差异化财政补贴，对不同的保险险种、不同的农业保险水平和不同的保险单位实行差异化财政补贴。第二，业务费用补贴。就是向承办政府农作物保险的私营保险公司提供20%～25%的业务费用（包括定损费）补贴。第三，运营成本补贴。联邦农作物保险公司从中央渠道获取经营管理资金，此外，联邦政府还要承担联邦农作物保险公司的各项费用，以及农作物保险推广和教育费用。在再保险方面，政府通过联邦农作物保险公司，向私营保险公司提供比例再保险和超额损失再保险保障。在税收方面，《联邦农作物保险法》明确规定联邦政府、州政府及其他地方政府对农作物保险免征一切税赋。国家财政补贴极大促进了农业保险的增长，使农民收入趋向稳定（图15-1）。

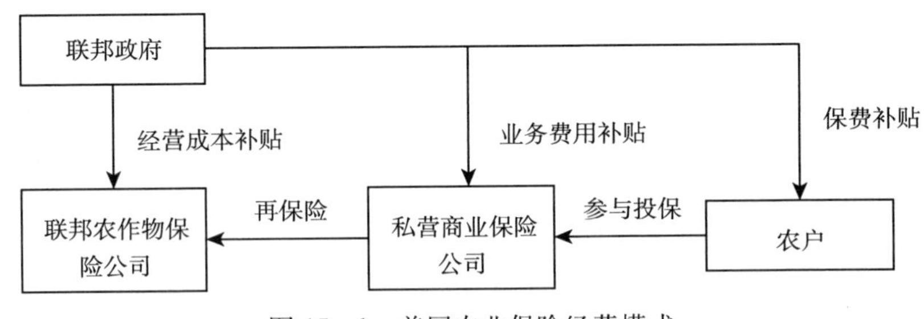

图15-1 美国农业保险经营模式

美国农业保险产品可大致分为五大类，分别是产量类保险、收入类保险、区域性保险、指数类保险和其他。产量类保险主要目的在于保障农场主收入，保障农作物因干旱、极度潮湿、冰雹、大风、霜、害虫和疾病等自然灾害造成的产量损失。为了防止自然风险以及市场风险导致的价格变动或低产量，或者两者结合造成的收入损失，1996 年美国开始试点发展收入类保险，2003 年开始全国普遍推广，农作物收入类保险合计保费占总保费的份额为 7.9%，到 2020 年合计占比增长至 90%。收入类保险现在主要包括五类：作物收入覆盖计划、收入保障计划、团体收入保障计划、收入保护计划和农场整体收入保障计划。区域性保险是基于整个地区（通常为一个县）的历史数据，保障农户免受由于地区层面的产量损失、价格下降或者两者结合造成的收入损失。指数类保险以天气指数保险为例，是选择一个或多个气象因素，建立气象指数作为保险标的，来代表农业灾损情况，投保合同以指数达到某一阈值则产生赔付，否则不产生赔付。AIR 多灾种模型建立农业气象指数、作物水分指数、风速指数等为农业多灾种保险提供技术支撑。

15.1.1.2　日本的农业保险

日本农业保险又称日本农业共济。日本农业保险是民间非营利团体经营、政府补贴和再保险相扶持的模式。日本禁止私营商业保险公司参与农业保险，采用的是典型的政策性农业保险，不仅给予财政补贴，还参与运行机制设计。

1938 年，日本正式颁布《农业保险法》，对农业保险进行立法保护；1947 年，日本修订《农业保险法》和《家禽保险法》并整合为《农业灾害补偿法》。日本农业保险是政府支持下的互助模式，主要分为三个层次：第一层为由市、町和村各级农民自愿参加的农业共济组合，任务是为农民提供农业保险服务；第二层是由县级机构（都道府和县）成立农业共济组合联合会，功能是供应这个地区的再保险和保险调整，将基层缴纳的保费以固定费率的再保险形式向中央政府缴纳；第三层是中央政府的再保险特别会计处，提供供应保费、经营补助、再保险、信贷之类的服务，并监督农业保险的运营。

近年来，随着日本农户数量不断减少，农业共济会与联合会运营成本过高，以及对承保、定损、赔偿等农业保险业务全流程日渐成熟，日本农林水产省自 2010 年开始对三层保障机制进行改革，将同一都道府县内的农业共济组合合并，发起“一县一组合”的基层农业共济保险优化运动，即合并后的农业共济组合承担共济业务，取消联合会，由政府食料安定专项部门直接为农业共济组合提供保险服务。截至 2022 年 4 月，除茨城县外，其余都道府县已转为“一县一组合”的两层次农业共济保险运营模式。

日本农业共济保险主要以产量类保险和收入类保险为主，部分保险产品添加了“全损”和可供选择的“半损”保障，形成了复合型农业保险产品，相较于“成本保险”具有更高的保障幅度。另外，除了园艺设施共济保险设置了起赔标准外，其他共济产品均设置了最高 90%的赔付率，2021 年废止“单块耕地减产量共济”承保方式后，农作物共济保险的最低保障率达到了单位产量的 60%以上。

日本土地资源紧张，对土地进行精细化耕作，有丰富的农业品类，对不同的品类采用不同的保险方式。因此日本政府采取强制性保险与自愿保险相结合的方式，与粮食安全息息相关的水稻小麦等必须投保，而对牲畜、园艺作物、经济作物等采取引导的方式，鼓励农民投保，即只要农民投保这些险种，政府就给予补贴。在补贴方式上，日本采用差异化的投保费用补贴，不同的农业作物、不同的家畜采用不同的补贴比例，大致在 50%左右。

在承保方式上，以基准收入、补偿限度与支付率作为日本农业收入保险的三大指标。计算方式：赔付金额＝基准收入×补偿限度×支付率。由于同一品种，不同的收获时间，不同地区的单位价格，也会导致损失的原因不同，日本共济制保险有多种方式：“全额抵偿方式”“半抵偿方式”“区域指数法”“灾害收入共济方式”“一笔方式”。

15.1.1.3 法国的农业保险

法国是欧洲最大的农业生产国，其农业保险的主要形式是农业互助保险，采用民办公助的模式，各级互助保险公司都在政府的资助下开展经营。

1960 年和 1964 年，先后颁布《农业指导法》《农业损害保证制度》，放宽了农险公司经营农业财产保险和农民人身险的条件和要求。1976 年，颁布《保险法典》，确立了农业互助保险的地位。1982 年，又颁布《农业保险法》，通过法律形式明确了农险的项目、保险责任、再保险、保险费率、理赔计算及具体做法等。

法国农业互助保险体系分为三层：基层的农业保险互助社，中层的地区或省级农业保险公司以及最高级的中央保险公司。基层的农业保险互助社负责维护和发展乡镇业务，中层地区或省级保险公司负责对上获得中央保险公司的再保险和对下向农业保险互助社提供再保险业务，最高级中央保险公司负责集团政策的制定和对地区或省级保险公司提供再保险。

法国农业保险作为政策性保险，从商业保险中分离出来，建立专门的农业保险机构，机构的行政经费、农险基金赤字等均由政府财政直接补贴。但法国农险在承保、理赔等业务环节，始终按照商业化、市场化模式运作，保险公司和农场主作为独立市场主体承担各自责任，且自负盈亏。

法国政府对农业保险实行“低费率和高补贴”以及税费减免优惠政策措施，从而积极鼓励农险的发展。法国政府为农户提供纯保费补贴，农民只需交保费的 20%～50%，其余部分由政府承担，投保农场主申请补贴，在次年直接将补贴款项发放至参保农场主。同时政府为农业保险公司提供经营管理费用补贴，对农业保险公司经营中的收入、财产等施行税收减免政策。

法国的农业保险产品并不丰富，主要有两大类别：第一类属于农业巨灾险，第二类属于普通农业风险。法国农业互助保险公司只能够承担普通农业风险的保险业务。然而，针对洪灾、旱灾等一系列的农业巨灾都不予承保。法国农业风险管理体系包括农场主自担、从业者互助（保险）和全民救助（国家农业风险管理基金）三个层次。当风险损失在 30%以内时，由农场主自担；风险损失程度超过 30%时，由保险公司介入，提供理赔服务；当发生全国性的大面积灾害如洪灾、旱灾、疫病时，由国家农业巨灾风险管理基金进行补充。

15.1.2　国外农业保险的成功经验借鉴

第一，完备的法律制度体系是农业保险健康发展的前提。农业保险的长久发展与法律制度息息相关，上述三个国家在农险的建立发展过程中，都十分重视相关法律体系的建设，通过农业保险法律制度的确立，可以明确具体实行过程中的组织结构、权责规定及财政补贴等，突出农业保险的政策性与权威性。同时不断完善补充现有法律体系，使得生产经营主体的变化与经营模式的改变与实际发展状况相协调。我国以政府文件形式发布的农业保险政策，其约束性和连续性较弱，容易造成农业保险政策出现不稳定性和随意性。尽快制定完善农业保险的法律法规，有助于明确保险经营、农险产品管理、财税帮扶、市场监管、灾害风险分散等方面的责任和行为界限。因此，完备的法律体系对一个国家的农业保险发展具有重要的基础性作用。

第二，政府强有力的支持是农业保险快速发展的关键。美国、日本、法国政府在农业保险方面都发挥了重要的支撑作用，这也是发达国家农业保险成功的关键因素。美国、日本、法国政府都设置了专门的农险管理机构，对农业保险直接管理，制定相关农险政策，制定农业保险的保费和农险经营机构的财政补贴制度。由于农业本身的特殊性、脆弱性以及高风险性，单纯依靠以商业性为主的保险公司自负盈亏，而没有政府的支持，极难获得成功。所以，政府部门应当向农民和保险公司提供足够比例的补贴，以及相应的保险税收优惠政策。例如，保费补贴、再保险支持、免税等政策与规划，都需要各个部门之间的相互协调与配合，并建立良好的法律、税收以及审计制度等监管体系。

第三，适合的经营模式是农业保险发展的根本。从美国、日本、法国的农业保险发展历程来看，每个国家都有自己的特点，都有自己的农业保险体系结构。经营模式会根据经济社会的发展不断改进，在不同时期所提供的功能也会有非常大的差异。农业保险种类不断演进，覆盖面也在不断扩展，重视农业保险需求的区域差异，满足不同农业经营主体的需求。同时，根据各国社会经济发展情况而建立和完善的农业保险大灾风险分散机制与再保险机制，既维护了本国的粮食安全，也有助于稳定国民经济。因此发展农业保险必须充分结合本国经济社会发展实际，选择符合本国国情的发展模式。

15.2 国内部分省份农业保险高质量发展的成功经验

15.2.1 甘肃省：协同多部门发展特色农险

第一，甘肃省农业保险发展概述。甘肃省位于我国西北干旱区和青藏高原高寒区的交汇处，自然环境恶劣、灾害频发，农业保险的发展对于分散农业风险、稳固农民收入、促进经济增长、实现产业振兴发挥着重要作用。2007 年在中央政策的大力支持下，甘肃开始了农业保险试点。经过多年的不懈努力，甘肃农业保险在保险规模、产品种类、补贴力度等方面有了较大的提升，基本形成了中央、省级、地方补贴的立体式农业保险制度，逐步实现“保大宗”向“保特色”“保灾害”、向“保指数”“保成本”、向“保收入”“保散户”、向“保规模”的全面升级。

第二，甘肃省农业保险发展经验。一是纵向联动，横向协作，稳步推进农业保险工作。近年来，甘肃省各部门之间多次召开农业保险工作会议，突破行业和部门的限制，省、市、县各部门之间通力协作，形成纵向联动、横向协作、职责清晰的合作机制，针对全省农业保险计划任务，提出一系列具有针对性的举措，有力保障农业保险工作的稳步推进。二是全面实施“增品扩面提标降费”。甘肃的农业保险在产业振兴方面发挥着重要的作用。按照农业保险发展的总体要求，甘肃省农业保险全面实施“增品、扩面”：2019 年全省实施的保险品种共有 80 多个，为进一步扩大农业保险覆盖面，2020 年全省共申报实施农业保险品种达到 96 个，在全国名列前茅。另外，为了推动县域优势产业和特色产业的快速发展，甘肃省各市县根据本地区的发展开办“一县一品”“一县多品”的特色保险品种。

15.2.2　湖南省：完善服务体系与农险条例

第一，湖南省农业保险发展概述。2007 年国家正式启动政策性农业保险试点，湖南是全国第一批享受中央财政农业保险补贴省份、第一批森林保险试点省份、第一批减免三大粮食作物县级财政补贴省份、第一批农业大灾保险试点省份、第一批地方优势特色农产品保险奖补省份。首创承保、理赔两到户的“常德模式”，率先出台农业保险协办费用管理办法，成立全国首家专门研究农业保险的学术团体——湖南省农业保险研究会。在各方协同推进下，湖南农业保险快速发展，保费收入由 2007 年的 7.48 亿元增加到 2019 年的 41.57 亿元，年均增长约 15%；2020 年实现保费收入 44.99 亿元，继续保持增长态势。

第二，湖南省农业保险发展经验。一是保险品种丰富。经过 10 多年的发展，湖南省在坚持中央品种基本覆盖关系国计民生的大宗农产品基础上，不断拓展省级和市县品种：省级品种有烟叶、家禽等 8 个，基本涵盖省内主要特色农产品；市（县、区）还自行开办了中药材、小龙虾约 30 个品种的特色保险。另外，从 2016 年开始，在全国率先开展了巨灾保险试点，现已覆盖 50 个县；推动农业保险与扶贫攻坚相结合，开展了精准扶贫农业保险、扶贫综合保险。二是保障水平高。近年来，湖南根据农业生产成本变动和农户保障需求，逐步提高农业保险保额标准。2019 年，全省水稻大灾保险试点资格扩大至 35 个产粮大县，基本实现完全成本保险；为保障生猪生产，将能繁母猪保额由每头 1 000 元提高至 1 500 元，育肥猪保额由每头 500 元提高至 800 元，稳定了农户信心。三是财政力度大。近年来，各级财政不断加大对湖南农业保险补贴力度。财政保费补贴由 2007 年的 5.08 亿元增长到 2019 年的 30.34 亿元，年均增长约 16%。目前，在湖南农业保险各险种保费构成中，农户自缴比例一般为 10%～30%，其余部分主要由中央和省级财政承担，切实减轻了农户缴费压力，凸显了农业保险支农惠农政策属性。四是服务体系健全。经过多年实践，湖南在全国率先探索出了以市、县、乡、村四级服务网络为支撑、以乡镇农业保险办公室为平台、以乡镇农业保险专职（兼职）人员和村级协保员队伍为依托的农业保险基层服务体系，被财政部誉为“常德模式”并向全国推广。《农业保险条例》第十七条明确规定“保险机构经营农业保险业务，应当具有完善的基层服务网络”，正式将“常德模式”经验引入法规条文。截至 2020 年底，湖南全省有农险专业服务人员 3 584 人，县级分支机构 576 个，乡镇、村级基层网点共 80 394 个，查勘车 2 457 台，应用无人机、手机、平板电脑等新兴查勘设备 4 560 台。五是监管机制完善。为适应农业保险快速发展的需要，湖南省财政厅会同相关部门完善制度规范，强化监督管理，推动农业保险制度化、规范化。2019 年制定出台“一意见一办法”，对绩效评价两项基础性工作分别做出制度安排；为持续规范农险市场，会同湖南银保监局建立常态化监管机制，从严从重打击虚假投保、虚假理赔等违法违规行为；2020 年，又制定了定点监测制度，定期对重点县、重点农户开展现场调研核查，保持监管不放松。

15.2.3 福建省：拓宽涉农品种与创新模式

第一，福建省农业保险发展概述。福建省自 2006 年 8 月启动全省性的政策性农业保险试点工作以来，坚持探索具有地方特色的农业保险（含涉农保险）发展路径。经过十余年的改革实践，初步建成了覆盖关系国计民生和粮食安全的农作物、主要畜禽和“菜篮子”品种等领域的农业风险保障体系，整体风险保障能力从初期约 300 亿元增至 2018 年的约 3 000 亿元，赔款补偿也从初期逾 2 900 万元提高至近 5 亿元，分别提升 9 倍和 16 倍多，农业保险已经成为服务福建乡村振兴的重要力量。

第二，福建省农业保险发展经验。一是打造多层次政策性农险模式。具体包括三个层次：省级区域统保模式、市级“三农”综合保险模式和县及县以下地区创新试点模式。二是创新多领域涉农保险品种。除直接针对农业标的的农业保险外，福建保险业还提供了着重针对农民住房等财产，健康、意外等人身保障，以及农业基础设施等风险保障解决方案。三是深化“农业保险＋”模式。进一步挖掘农业保险的金融属性，开发农业保险的融资增信功能，搭建银行保险合作平台，探索更优质、更精准、更便捷和更具吸引力的“农业保险＋服务”“农业保险＋期货（期权）”“农业保险＋信贷”和农业保险保单融资等模式。

15.3 经验总结与启示

本章在对中国农业保险发展现状进行概述的同时，引入美国、法国、日本等海外国家的发展经验以及甘肃、湖南、福建等兄弟省份农业保险高质量发展案例，以期为研究广东省农业保险高质量发展形成基本背景和经验素材。

国内外农业保险发展经验表明：①优化各级财政补贴，提高补贴效率是农业保险高质量发展的核心动力；②法律、制度、再保险体系的建设完善与适时调整，是农业保险高质量发展的基础保障；③分级管理、品种创新，是农业保险高质量发展的主要方向。

第 16 章　结论与讨论

16.1　主要结论

本书在梳理广东省财政支持农业保险发展的理论动因、现实发展基础上，结合国内外发展经验，利用历年广东省财政支持农业保险统计数据，对财政支持政策影响农业保险的内在机理、效率差异、数字技术赋能农业保险、提升农险供给效率、农户认知素养影响农业保险需求等内容进行深入研究，并通过实地调研和广东人保的相关案例进一步剖析广东省水稻种植保险的执行情况。研究结果表明：一是财政支持，尤其是地方财政补贴在农业保险高质量发展过程中具有重要的、不可替代的作用；二是数字技术，是农业保险供给侧高质量发展的主要动力；三是认知素养，是农业保险需求侧高质量发展的主要动力。并且，新时代对农业保险市场提出了新要求，地方财政支持政策、数字技术赋能农业保险、农户的保险认知素养都有进一步优化的空间，只有从上述三个方面进行优化完善进而匹配新时代广东省农业保险扩面、增品的政策目标，方能助推广东省农业保险高质量发展进一步走在全国前列。

16.2　广东进一步推动农业保险高质量发展的政策建议

16.2.1　长效保障，引领农业保险市场的供需平衡发展

研究结论表明，财政补贴是农业保险高质量发展的主要动力源之一。但是，农业保险市场的良性成长、可持续发育不能仅仅依靠财政补贴，还需要保险机构的长期投入、加大供给与农业生产主体的保险有效需求。对此，本书建议：

第一，建立保障机制，引导保险机构持续经营、加大供给。一是严格市场准入与退出机制。一方面，监管部门对到农村地区（尤其是相对贫困地区）开设分支机构、开办涉农保险业务的保险机构，应在时间上予以优先审批、在政策上加大支持力度；另一方面，对于农村地区保险机构的随意撤销、合并等现

象，应加大管控力度，严格控制农村地区现有保险机构网点撤并。二是优化承保机构招标流程，在招标审批政策性农业保险业务的经办机构时，择优选择保险机构后可设置门槛条件（总保额、总覆盖面等），当保险机构当年达到条件后给予第二年优先承保的资格，通过这种方式激励保险机构加大资源投入，完善服务体系，做好农业保险的市场供给。

第二，加大对农业新型经营主体与种植（养殖）大户购买农业保险的政策支持力度，在补贴、信贷等方面给予优惠，激励农业保险的有效需求。通过政策支持，激励农业经营主体通过农业保险规避生产风险，提高生产稳定性，实现农业规模化经营。适度规模经营是实现乡村产业振兴的有效途径，但新型经营主体、种养大户却普遍面临比一般农户更大的自然风险与市场风险，不利于生产稳定性。与此同时，规模作业所形成的保费负担较重，极大降低了他们购买农业保险的积极性。因此建议从补贴、信贷等方面给予购买农业保险的新型农业经营主体更多政策支持。

16.2.2　加速推广，完善基层协保体系与提升定损效率

国内外经验表明，完善的基层协保体系和高效的保险定损方式有助于农业保险快速推广。一方面，目前广东省县级协保体系已基本建成，如能进一步拓宽完善村镇协保体系，将大大提高推广效率。另一方面，基于数字化的定损方式也已经在广东省的多个保险机构试行，如能全面推广将有助于广东省农业保险市场高质量发展。对此，本书建议：

第一，完善基层协保体系，提升农业保险落地实施“最后一公里”的服务质量与成效。建议按照政府引导、社会参与、共同出资、高效服务等原则，加大村镇基层协保体系的建设力度，完善农险基层服务网络。并且，可通过进一步明确县级政府作为协保体系建设的主体责任，保持协保机构的相对独立性，保证协保体系起到全面服务与高效运转的作用。

第二，加速农村数字化建设，提升保险机构定损效率。加快推进农业保险大数据建设进度，构建广东省农业保险数字化定损机制，充分利用现代科技手段。一是在自然灾害定损方面，推广气象指数定损方式；二是在动植物疫病灾害定损方面，引入 DNA 等溯源手段，减少中间环节，提高定损理赔效率。

16.2.3　创新经验，试点水稻收入保险与农户自缴减免

研究结论表明，广东省农户普遍对水稻种植险的认知存在偏差，认为目前

水稻种植保险的保障能力较弱。对此，本书建议：

第一，积极响应财政部、农业农村部、银保监会发布的《关于扩大三大粮食作物完全成本保险和种植收入保险实施范围的通知》（财金〔2021〕49号）要求，在广东省内选取种粮大县试点实施水稻种植收入保险，实现水稻保险由保物化成本到保种植收入的跨越。通过实施收入保险，进一步提升水稻种植保险的风险保障能力，为水稻种植户同时规避转移自然风险与市场风险，激励粮农生产积极性，助推广东省水稻产业发展。

第二，逐步减免粤东西北欠发达市县水稻种植保险的农户自缴保费部分（20%的保费）。其作用主要有二：一是切实减轻粮农的生产负担，降低农业生产成本；二是避免农地流转快速发展背景下，农户因缴纳保费而出现保险投保人与灾害受损人分离的情况。

16.2.4 优化制度，推进政策性农险的立法与多方协作

研究结论表明，政策性农业保险的运行需要有明确的法律制度作为支撑，并且相关法律的修订要和市场发展相适应。政策性农业保险是置社会利益于至高无上地位的“市场+政府”双重干预工具，其显著特征在于保本微利、服务“三农”和乡村振兴。相较之下，商业性保险的首要目的则在于盈利和承保机构自身发展。因此，政策性农业保险需要单独的法律法规，需要赋予其区别于商业保险的专门条例。对此，本书建议：

第一，加快立法。通过对本省实际情况调查分析，结合国内外政策性农业保险推行经验，完善政策性农业保险定义、性质和特征的内容研究。通过制定法律来明确政策性农业保险与商业性农业保险的区别和保险覆盖范围，明晰政策性农业保险的实施形式和运营程序，并形成《广东省政策性农业保险条例》。以此实现各级单位推广农业保险有专门的地方法律依据，提高农户自愿参保的积极性，保证广东省农业保险体系的稳定和长效发展，助推广东省农业保险高质量发展。

第二，推动多方协作。广东省在实施政策性农业保险的过程中，可以与省社会保障部门建立系统对接，通过跨部门数据共享实现农业保险赔款支付“一卡通”，或者将农户在农业保险领域的收支纳入已有的社会保障账户中，提升政策性农业保险的承保理赔效率。

16.2.5 项目支持，协同保险机构发展岭南的特色农险

当前，广东省政策性农业保险的品种覆盖面仍有进一步扩大的空间。因

此，应当针对不同地区的特色农业进行差异化支持，协同保险机构适时开发适宜各地农业的保险新品种，尤其应该多关注各市县当地特色农作物。对此，本书建议：

第一，加强政府与保险机构间合作，发挥协同效应。农业保险具有很强的政策性，财政支持约占保费收入的 80%，从宏观层面来讲，政府是政策的制定者，而保险机构是政策的具体实施者之一。因此，一方面，相关政府部门与保险机构应当建立定期沟通的合作机制，双方及时就政策性农业保险推进落实中遇到的现实困难进行交流；另一方面，构建具有激励性的保险机构发展政策性农业保险奖惩机制，通过补贴、项目支持等方式，激励保险机构自主研发、创新政策性农业保险的险种、保障方式等。另外，特色险种的勘查定损等工作需要人才的支撑，在特色农险的推广上，政府部门可以帮助地方实现人才引进，同时鼓励优秀人才扎根基层，夯实基层工作，增加基层农业保险机构数量。

第二，创新财政支持方式，拓宽险种范围。政策性农业保险产品品种、地方特色险种都需要创新开拓，争取将更多的农产品纳入保险保障体系中，增强农险在广东省地方特色农产品品种的覆盖面，推动地方特色农产品保险由“保种植”转向“保价格、保收入”。因此，建议政府部门通过项目形式进行财政支持，鼓励有条件有创新能力的保险机构在相应区域试点推广特色保险。通过项目完成效果考核保险机构，由保险机构与地方政府自行合作创新，减少保险产品如何设置、如何推广的限制条件，鼓励创新。

16.2.6　探索创新，保险机构应勇担使命服务乡村振兴

研究结论表明，农业保险是兼具政策与市场双重特性的产品，既需要财政的大力支持，也离不开保险机构的落地执行。结合《中共广东省委　广东省人民政府关于全面推进乡村振兴　加快农业农村现代化的实施意见》等政策文件与广东省农业保险高质量发展的具体要求，保险机构应主动作为，贯彻落实省委、省政府关于农险高质量发展各项决策部署，积极服务乡村振兴国家战略，全面做好农业保险高质量发展工作。对此，本书建议：

第一，保险机构应全面提高农业保险服务能力，匹配农业农村现代化的保险需求。一是要继续深入推进农险扩面提标，推动水稻、生猪、能繁母猪、肉鸡等关系群众“米袋子”“菜篮子”的重要农产品保险覆盖率达到 80%以上，保障粮食等大宗农产品供给安全。二是要不断强化科技赋能，推进农业农村数

字化建设。持续加大卫星遥感、无人机、移动自助查勘等科技在农险经营管理中的应用，提高农业保险承保理赔服务效率。三是要实现保防救赔多措并举，为农业农村提供风险减量管理服务。推广“保险＋科技＋服务”创新模式，提供防赔并重的风险管理“一揽子”解决方案，为广东农业生产提供更加充足、更加全面的风险保障，切实提高农业生产者抵御农业风险的能力。

第二，保险机构应积极发挥市场主体功能，因地制宜创新研发符合市场需求的特色农业保险品种。保险机构作为市场供给主体，应积极做好保险产品创新研发工作，以市场需求为基础，以省委省政府相关文件及广东省乡村振兴宏伟蓝图为指导，以广东省全面实施乡村振兴和农业保险高质量发展为目标，协同科研机构、高等院校、地方政府，不断推动优势特色农产品保险增品，提高农业保险保障水平。一是提高覆盖广度，推动政策性农业保险覆盖更多具有岭南特色的水果、水产、花卉、蔬菜等地方优势产品。二是提升保障深度，积极探索符合市场需求的完全成本保险、价格收入保险、“保险＋期货”等新形式。真正做到由“保成本”向“保收入”升级，由“保自然风险”向“保市场风险”升级。三是延伸保险长度，开发设计符合农业现代化产业链发展需求的“一揽子”高保障、特色化、全覆盖的保险产品。真正实现特色农业保险品种既有市场可持续性、又能促进农业现代化发展，有效推进广东省乡村振兴战略的全面实施。

16.2.7 提升素养，从根本上激励农业生产者的保险需求

研究结论表明，对农业保险的正确认知和素养是影响农户保险需求的重要因素。为提高农民的保险认知与素养，充分发挥政策性农业保险在提升“三农”发展质量、巩固脱贫攻坚与促进乡村全面振兴中的重要作用，本书提出如下政策建议：

第一，纠正认知偏差，提升农户的保险素养水平。一方面，提高农户整体教育水平，加大对农业保险政策的宣传力度。由前文研究结论可知教育对于农业保险认知有显著的正向影响，教育程度越低的农户，他们的农业保险认知偏差越大，更应该提高农户的文化水平。同时，需要加大力度宣传农业保险政策。由前文对农业保险认知偏差诱因的分析可知，现如今农户获取农业保险信息的主要方式为被动依靠政府宣传，因此需要提高当地政府对农业保险宣传的力度和深度，利用座谈会、现场咨询活动和理赔现场大会等形式（李琴英，2014），通过让接受过农业保险益处的农户给从未投过保的农户讲授参保的必

要性、村干部运用自己对农业保险的深入认识进行言传身教等便于农户、易于使农户接受的方式宣传农业保险政策。同时也要以创新的方式利用互联网等新媒体进行保险知识宣传，拓宽农户了解农业保险的渠道，将农业保险的意义呈献给农户，打破农户对农业保险固有的思维，让农户认识到农业保险对农业生产的重要性，促进农业保险顺利开展。另一方面，了解农户自身的认知偏差，提高农户的风险认知与保险认同。相关部门应及时了解农户自身所具有的认知偏差，并进行一定的辅导，任何一个经济机制的设计和执行都需要信息传递，而信息传递是需要花费成本的，所以要给予专业的培训让农户得到信息的成本下降，使农户和保险金融机构能够达到双赢的格局（童毛弟等，2009）；目前仍有部分农户心存侥幸心理，或对政府救助过分依赖，需要基层村组织进行适当宣传教育。农户更信任政府，不信任保险公司的现状，也需要通过政策手段来提高农户的风险认知与保险认同，一方面，需要各级政府在农户中进行政策性农业保险的宣讲和政策解读；另一方面，保险公司也要对其保险承保、理赔等知识需要做好普及和推广工作（叶明华，2015）。

第二，引导设计更简易更实用的保险产品。在实证分析过程中，我们发现目前农户整体认知能力偏低。因此本书建议政府与保险公司可以从保险产品设计层面入手，政府积极引导保险公司有针对性地设计规则更为简明易懂、实用且适用性更强的政策性水稻保险产品。在产品设计前，政府应当根据不同地区的实际情况制定对政策性水稻保险的政治经济目标，保险公司应对各个目标市场进行深度调查；在产品设计时，保险公司应充分考虑政府意见，因地制宜地创新设计多种能适应当地农户需求的保险产品，并尽可能地简化保险产品、降低保险条款的理解难度，使保险产品的类型更加多样、内容更易理解、操作更加简便、产品更加适用、服务更加高质；在产品售后，保险公司应当按照各类政策性水稻保险产品的销售量以及用户反馈对产品进行筛选与改进。

参　考　文　献

柏正杰．政策性农业保险需求的影响因素分析：一个文献综述［J］．西北大学学报（哲学社会科学版），2012，42（4）：32－36.

布和．图像识别技术在农业保险中的应用［D］．呼和浩特：内蒙古大学，2007.

曹国华，王楠，任成林．认知能力、金融知识与家庭商业保险需求［J］．金融论坛，2020，25（12）：48－58.

柴智慧，赵元凤．农户对农业保险保费补贴政策的认知度与满意度研究；基于内蒙古自治区500多位农户的问卷调查［J］．农村经济，2013（4）：66－69.

晁娜娜，崔宇彤，逯婷，等．金融素养对粮食作物保险参与决策及参与程度的影响研究［J］．农业现代化研究，2022，43（5）：857－866.

陈莉芬．农业规模经营主体对农业保险的需求研究［D］．成都：西南财经大学，2016.

陈晓红．数字经济时代的技术融合与应用创新趋势分析［J］．中南大学学报（社会科学版），2018，24（5）：1－8.

陈佑成，魏正一，李自强．金融素养、正规信贷可得性与家庭农场创业绩效的关系研究：以福建省为例［J］．云南农业大学学报（社会科学），2021，15（5）：55－64.

程东亮．人工智能在金融领域应用现状及安全风险探析［J］．金融科技时代，2016（9）：47－49.

丁少群，谭莉，张玉凤．我国政策性农业保险高质量发展的水平评估与实现路径［J］．贵州大学学报（社会科学版），2021，39（4）：98－108，124.

杜鹏．农户农业保险需求的影响因素研究：基于湖北省五县市342户农户的调查［J］．农业经济问题，2011，11：78－83.

杜彦坤．农业政策性保险体系构建的基本思路与模式选择［J］．农业经济问题，2006（1）：50－53，80.

段白鸽，何敏华．政策性农业保险的精准扶贫效果评估：来自中国准自然实验的证据［J］．保险研究，2021（11）：36－57.

段学慧．论农业保险财政补贴机制的创新［J］．农村经济，2011（11）：74－77.

范艳慧．农业灾害损失保险理赔分析［D］．泰安：山东农业大学，2015.

冯文丽，董经纬．农业保险功效研究［J］．浙江金融，2007（5）：33－38.

冯文丽，苏晓鹏．我国农业保险高质量发展的实现路径［J］．中国保险，2020（1）：

18－23.
冯文丽．我国农业保险市场失灵与制度供给［J］．金融研究，2004（4）：124－129.
高涛，李锁平，邢鹂．政策性农业保险巨灾风险分担机制模拟：以北京市政策性农业保险为例［J］．中国农村经济，2009（3）：28－37.
郭峰，王靖一，王芳，等．测度中国数字普惠金融发展：指数编制与空间特征［J］．经济学（季刊），2020，19（4）：1401－1418.
郭杰．我国政策性农业保险的财政补贴研究［D］．北京：财政部财政科学研究所，2015.
郭军．我国农业保险排斥现状、诱因及影响分析［D］．武汉：华中农业大学，2014.
郭沛，王晓丽．新型农业经营主体愿意购买气象指数保险与收入保险吗：基于9省1 016个样本的考察［J］．东岳论丛，2021，42（11）：101－111.
郭清，何飞．应用遥感技术的农业保险业务模式创新［C］//北京大学中国保险与社会保障研究中心（CCISSR）．全面深化改革：战略思考与路径选择：北大赛瑟（CCISSR）论坛文集·2014，2014：453－465.
郭欣琪，蔡键．保险市场失灵与规模粮农生产稳定性：文献综述与理论解释［J］．金融发展研究，2020（5）：38－43.
郭梓盛．实施乡村振兴战略与构建新型农业保险研究［J］．中国集体经济，2022（24）：98－100.
韩洪云，孔杨勇．农户农业互助保险参与行为影响因素分析：以浙江临安山核桃种植户为例［J］．中国农村经济，2013（7）：24－35.
韩科飞，蔡栋梁，陈韶晖．“推动力”还是“摩擦力”：金融素养对农户农业生产投资的影响［J］．商业研究，2021（3）：73－82.
何小伟，王京虹，朱俊生．农业保险市场违法违规行为的特征及其治理：基于法院判决及监管处罚案例的分析［J］．保险研究，2022（2）：33－47.
何小伟，谢远涛，张文春．我国政策性农业保险的区域发展差异：测度及解释［J］．山西农业大学学报（社会科学版），2021，20（2）：76－82.
侯石安．中国财政农业投入的目标选择与政策优化［J］．农业经济问题，2004（3）：40－43，80.
胡芳，何逍遥．人工智能赋能农业保险公司数字化经营研究［J］．金融理论与实践，2022（4）：99－108.
胡芳，彭琛，陈昕．智慧农业保险服务乡村振兴战略：作用机理与实现路径［J］．湖南科技大学学报（社会科学版），2022，25（3）：142－151.
胡新艳，郑沃林．气候变化、农业风险与农户农业保险购买行为［J］．湖南师范大学社会科学学报，2021，50（2）：95－104.
黄进，黎华联．广东省农业农村厅副厅长黄斌民：农业保险是广东乡村振兴重要抓手［N］．南方日报，2022－04－07T05.

黄凌，廖桂容，张萍香．"互联网＋"政策性农业保险市场化运作机制的研究［J］．长春工程学院学报（社会科学版），2017，18（2）：43－47.
黄薇．保险政策与中国式减贫：经验、困局与路径优化［J］．管理世界，2019，35（1）：135－150.
黄晓斌．基于 RFID 及视频监控技术的智慧农险理赔模式［J］．福建金融，2022（9）：67－69.
惠吉超．基于财政支持的我国政策性农业保险制度研究［D］．济南：山东大学，2014.
姜岩，李扬．政府补贴、风险管理与农业保险参保行为：基于江苏省农户调查数据的实证分析［J］．农业技术经济，2012（10）：65－72.
蒋和平，蒋辉，詹琳．我国农业保险发展思路与策略选择：基于粮食安全保障视角［J］．改革，2022：1－11.
金刚，柳清瑞．新农保补贴激励、政策认知与个人账户缴费档次选择：基于东北三省数据的有序 Probit 模型估计［J］．人口与发展，2012，18（4）：39－46.
李传峰．公共财政视角下我国农业保险经营模式研究［D］．北京：财政部财政科学研究所，2012.
李冠洲．农业保险市场需求、供给及均衡状况研究［D］．泰安：山东农业大学，2021.
李琴英，崔怡，陈力朋．政策性农业保险对农村居民收入的影响：基于 2006—2015 年省级面板数据的实证分析［J］．郑州大学学报（哲学社会科学版），2018，51（5）：72－78.
李舒，赵思健，张峭．智慧农险：农业保险信息化发展的展望［J］．江苏农业科学，2016，44（1）：7－12.
李韬，李晓旭，罗剑朝．保险素养、收入差异与农民商业保险参与［J］．西北农林科技大学学报（社会科学版），2020，20（3）：126－134.
李笑晨．保险科技驱动我国智慧农险体系构建研究［D］．南宁：广西大学，2020.
李秀峰，陈守合，郭雷风．大数据时代农业信息服务的技术创新［J］．中国农业科技导报，2014，16（4）：10－15.
李艳．长三角地区农户保险素养与农业保险需求相关关系研究［D］．蚌埠：安徽财经大学，2021.
李媛媛．我国农业保险合同制度的反思与优化［J］．保险研究，2017（5）：85－102.
刘布春，梅旭．农业保险的理论与实践［M］．北京：科学出版社，2010：34.
刘飞，陶建平．风险认知、抗险能力与农险需求：基于中国 31 个省份动态面板的实证研究［J］．农业技术经济，2016（9）：92－103.
刘国强．我国消费者金融素养现状研究：基于 2017 年消费者金融素养问卷调查［J］．金融研究，2018（3）：1－20.
刘汉成，陶建平．中国政策性农业保险：发展趋势、国际比较与路径优化［J］．华中农业大学学报（社会科学版），2020（6）：67－75，163－164.

刘婧．我国农业保险高质量发展现状、问题及对策建议［J］．中国保险，2021（8）：50-53．

刘可，齐振宏，黄炜虹，等．资本禀赋异质性对农户生态生产行为的影响研究：基于水平和结构的双重视角分析［J］．中国人口·资源与环境，2019，29（2）：87-96．

刘立波．新疆伊宁县农户购买农业保险意愿及行为影响因素实证研究［D］．石河子：石河子大学，2013．

刘亚洲，钟甫宁．风险管理VS收入支持：我国政策性农业保险的政策目标选择研究［J］．农业经济问题，2019（4）：130-139．

刘智慧，张泉灵．大数据技术研究综述［J］．浙江大学学报（工学版），2014，48（6）：957-972．

刘祚祥，黄权国．信息生产能力、农业保险与农村金融市场的信贷配给：基于修正的S-W模型的实证分析［J］．中国农村经济，2012（5）：53-64．

罗千峰，赵奇锋，张利庠．数字技术赋能农业高质量发展的理论框架、增效机制与实现路径［J］．当代经济管理：2022，44（7）：49-56．

马岚，刘娟，张祖荣．政策性农业保险：参保意愿与农户特征的对应分析：基于云浮市522家农户的调查［J］．湖南农业大学学报（社会科学版），2014（3）：92-96．

马小勇．中国农户的风险规避行为分析：以陕西为例［J］．中国软科学，2006（2）：22-30．

毛慧，周力，应瑞瑶．风险偏好与农户技术采纳行为分析：基于契约农业视角再考察［J］．中国农村经济，2018（4）：74-89．

毛通．农户参与农村互助保险的影响因素研究：基于宁波龙山镇“8＋1”个试点村的调查［C］//浙江省保险学会．浙江保险科研成果选编（2016年度）．浙江省保险学会，2017：164-181．

孟德锋，李长越．政策性农业保险的农户需求与满足程度调查研究［J］．经济纵横，2011（10）：73-76．

孟德锋，李丹，刘志友．保险素养与商业养老保险决策［J］．金融理论与实践，2019（12）：95-103．

孟亦佳．认知能力与家庭资产选择［J］．经济研究，2014，49（S1）：132-142．

聂荣，沈大娟．影响农户参保农业保险决策的因素分析［J］．西北农林科技大学学报（社会科学版），2017，17（1）：106-115．

聂荣，王欣兰，闫宇光．政策性农业保险有效需求的实证研究：基于辽宁省农村入户调查的证据［J］．东北大学学报（社会科学版），2013，15（5）：471-477．

牛浩，陈盛伟．政策性农业保险实现“真赔”了吗：基于全国2011—2018年的省级面板数据［J］．农业经济问题，2022（10）：113-122．

潘林，郑毅．农民对新农保政策的认知问题研究：基于安徽省四县的问卷调查［J］．兰州学刊，2013（9）：198－202.

彭可茂，席利卿，彭开丽．农户水稻保险支付意愿影响因素的实证研究：基于广东34地1 772户农户的经验数据［J］．保险研究，2012（4）：33－43.

乔丹，刘晗，徐涛．互联网应用是否促进了农户政策性农业保险购买：基于Triple-Hurdle模型［J］．湖南农业大学学报（社会科学版），2022，23（5）：48－60.

秦芳，王文春，何金财．金融知识对商业保险参与的影响：来自中国家庭金融调查（CHFS）数据的实证分析［J］．金融研究，2016（10）：143－158.

陕西课题组．试论农业保险体制与效益［J］．中国保险，1995（6）：29－31.

沈鑫，裴庆祺，刘雪峰．区块链技术综述［J］．网络与信息安全学报，2016，2（11）：11－20.

施红．政府介入对政策性农业保险的运作效率影响的分析［J］．农业经济问题，2008（12）：56－61，111.

舒云．四川省政策性农业保险补贴效率研究［D］．成都：西南财经大学，2019.

孙思雨，李明波，李树铎，等．3S技术助推海伦市大豆种植收入保险试点项目实施：以阳光农业相互保险公司的实践为例［J］．农业工程技术，2021，41（21）：65－67，70.

孙伟群，杨伟，王祥云．科技赋能农业保险的江苏实践与思考［J］．金融纵横，2021（2）：96－100.

孙香玉．保险认知、政府公信度与农业保险的需求：江苏省淮安农户农业保险支付意愿的实证检验［J］．南京农业大学学报（社会科学版），2008（1）：48－54.

孙欣，牟凤云，李王虎．基于3S技术的重大农业自然灾害理赔探析［J］．农村经济与科技，2012，23（7）：88－91.

唐金成，李笑晨．保险科技驱动我国智慧农险体系构建研究［J］．西南金融，2020（7）：86－96.

唐金成，刘鲁．保险科技时代“AI＋保险”模式应用研究［J］．西南金融，2019（5）：63－71.

唐金成，唐伟文．乡村振兴战略背景下广西农业保险创新发展研究［J］．区域金融研究，2022（6）：54－62.

田卓亚，齐振宏，杨彩艳，等．家庭禀赋对稻虾户农业保险购买行为的影响：基于两种属性农产品的对比分析［J］．湖北农业科学，2021，60（13）：149－155.

庹国柱，朱俊生．关于我国农业保险制度建设几个重要问题的探讨［J］．中国农村经济，2005（6）：46－52，74.

庹国柱．论政府在农业保险制度中的责任和行为［J］．中国保险，2020（1）：8－15.

庹国柱．我国农业保险的发展成就、障碍与前景［J］．保险研究，2012（12）：21－29.

王小华，张莹，胡大成．数字金融赋能农业农村高质量发展：典型案例、现实困境及机制创新研究［J］．江南大学学报（人文社会科学版），2021，20（3）：18－32.

王韵．苹果种植户农业保险参保行为影响因素研究［D］．咸阳：西北农林科技大学，2022.

乌云花，永梅，温青超，等．农牧民的金融素养测评及影响因素研究：基于内蒙古农村牧区的调研［J］．农业现代化研究，2022，43（2）：240－248.

吴锟，王沈南．认知能力对居民金融素养的影响研究［J］．财经问题研究，2022（3）：63－71.

吴学明，何小伟，刘怡鑫．我国农业保险科技创新的方向与路径［J］．金融纵横，2022（7）：80－86.

向银芝．金融社会工作视域下农村居民保险素养提升研究［D］．南昌：江西财经大学，2022.

肖卫东，张宝辉，贺畅，等．公共财政补贴农业保险：国际经验与中国实践［J］．中国农村经济，2013（7）：13－23.

徐婷婷，荣幸．改革开放四十年：中国农业保险制度的变迁与创新：历史进程、成就及经验［J］．农业经济问题，2018（12）：38－50.

徐婷婷，孙蓉．政策性农业保险能否缓解贫困脆弱性：基于典型村庄调研数据的分析［J］．农业技术经济，2022（2）：126－144.

许梦博，李新光，刘仲仪．应通过产品和技术创新促进农业保险业发展［J］．经济纵横，2016（2）：88－92.

闫桉，王红，闫蕊婕．浅谈政策性农业［J］．现代营销（学苑版），2014（4）：10－11.

杨臣，韦彩玲．农村惠农政策的认知、评价及政策建议：基于公共服务的主题调查［J］．社会主义研究，2011（5）：26－31.

杨柳，刘芷欣．金融素养对家庭商业保险消费决策的影响：基于中国家庭金融调查（CHFS）的分析［J］．消费经济，2019，35（5）：53－63.

杨雪美，冯文丽，高峰，等．农户的风险意识、保险认知与政策性农业保险：基于河北试点的实证分析［J］．农村经济，2013（9）：70－74.

叶明华，汪荣明，吴苹．风险认知、保险意识与农户的风险承担能力：基于苏、皖、川3省1 554户农户的问卷调查［J］．中国农村观察，2014（6）：37－48，95.

叶明华．政策性农业保险：从制度诱导到农户自主性需求：基于江苏省585户粮食种植户的问卷调查［J］．财贸经济，2015（11）.

叶兴庆．我国农业支持政策转型：从增产导向到竞争力导向［J］．改革，2017（3）：19－34.

易福金，陆宇，王克．大灾小赔，小灾大赔：保费补贴“包干制”模式下的农业生产风险与赔付水平悖论：以政策性玉米保险为例［J］．中国农村经济，2022（3）：128－144.

尹志超，张栋浩．金融普惠、家庭贫困及脆弱性［J］．经济学（季刊），2020，20（5）：153－172.

尤晓静，朱振华，徐杰．乡村振兴战略背景下我国政策性农业保险的绩效评估［J］．江苏农业科学，2022，50（17）：301－307.

于鑫鑫，谢金华，杨钢桥，等．社会网络、保险认知对农户农业保险参保行为的影响［J］．中国农业大学学报，2021，26（12）：263－278.

袁勇，王飞跃．区块链技术发展现状与展望［J］．自动化学报，2016，42（4）：481－494.

张驰，张崇尚，仇焕广，等．农业保险参保行为对农户投入的影响：以有机肥投入为例［J］．农业技术经济，2017（6）：79－87.

张栋浩，蒋佳融．普惠保险如何作用于农村反贫困长效机制建设：基于贫困脆弱性的研究［J］．保险研究，2021（4）：24－42.

张洪霞，赵砚，宋夏云．居民金融素养、市场化进程和商业保险参与：基于 CHFS 数据的实证分析［J］．金融发展研究，2021（10）：67－73.

张乐柱，王剑楠．新型农业经营主体金融素养与信贷可得性：基于 CSQCA 与 Probit 方法的实证［J］．东岳论丛，2022，43（9）：49－56.

张敏，谢建群，黄桂烨．广东省气象灾害对农业生产的影响及气象服务措施［J］．农业灾害研究，2019，9（6）：115－116.

张鹏．“互联网＋农业”下的农业保险发展前景［J］．中国保险，2018（2）：24－28.

张全志，张永强．对“互联网＋”政策性农业保险市场化运作机制分析［J］．经济研究导刊，2022（11）：17－19.

张伟，黄颖，易沛，等．政策性农业保险的精准扶贫效应与扶贫机制设计［J］．保险研究，2017（11）：18－32.

张伟，罗向明，郭颂平．中国政策性农业保险发展的区域比较研究［J］．南方金融，2014（6）：66－70.

张跃华，顾海英，史清华．1935 年以来中国农业保险制度研究的回顾与反思［J］．农业经济问题，2006（6）：43－47.

张跃华，顾海英．准公共品、外部性与农业保险的性质：对农业保险政策性补贴理论的探讨［J］．中国软科学，2004（9）：10－15.

张跃华，何文炯，施红．市场失灵、政策性农业保险与本土化模式：基于浙江、上海、苏州农业保险试点的比较研究［J］．农业经济问题，2007（6）：49－55，111.

张跃华，庹国柱，符厚胜．市场失灵、政府干预与政策性农业保险理论：分歧与讨论［J］．保险研究，2016（7）：3－10.

张祖荣，马岚．我国省域政策性农业保险发展不平衡的实证分析［J］．财经科学，2016（7）：20－30.

张祖荣．中国政策性农业保险若干问题探析：基于政策性农业保险行为主体的视角［J］．内蒙古社会科学（汉文版），2012，33（5）：106－111.

赵翠萍，郑艳玲，张颖．风险感知、保险认知与农户参保行为的实证研究［J］．河南农业大学学报，2022，56（3）：500-510.

郑雨明．决策判断中认知偏差及其干预策略［J］．统计与决策，2007（10）：48-51.

中国赴美农业保险考察团．美国农业保险考察报告［J］．中国农村经济，2002（1）：68-77.

中国人民银行宜宾市中心支行课题组，黎明．我国政策性农业保险制度演变历程及国际比较研究［J］．西南金融，2017（9）：49-56.

周美琴，宁松，聂文东，等．基于农户视角的政策性种植业保险调研报告：以湖南省566户调查数据为例［J］．灾害学，2012，27（4）：103-106，113.

周稳海，赵桂玲，尹成远．农业保险发展对农民收入影响的动态研究：基于面板系统GMM模型的实证检验［J］．保险研究，2014（5）：21-30.

周忻，徐伟，袁艺．灾害风险感知研究方法与应用综述［J］．灾害学，2012，27（2）：114-118.

朱俊生．农业保险高质量发展助力乡村振兴［J］．中国金融，2022（18）：35-37.

朱庆莹，陈银蓉，胡伟艳，等．社会资本、耕地价值认知与农户耕地保护支付意愿：基于一个有调节的中介效应模型的实证［J］．中国人口·资源与环境，2019，29（11）：120-131.

朱蕊，江生忠．我国政策性农业保险的扶贫效果分析［J］．保险研究，2019（2）：51-62.

祝梦园．认知能力与非认知能力对商业保险购买行为影响的实证研究［D］．北京：对外经济贸易大学，2019.

祝仲坤，陶建平．农业保险对农户收入的影响机理及经验研究［J］．农村经济，2015（2）：67-71.

左斐，徐璋勇．农作物保险对产出的影响：理论框架，研究现状与展望［J］．保险研究，2019（6）：26-38.

Borden L M，Lee S，Serido J，et al. Changing college students' financial knowledge，attitudes，and behavior through seminar participation［J］．J Fam Econ Iss，2008，29（1）：23-40.

Disney R ，Gathergood J. Financial literacy and indebtedness：New evidence for U.K. consumers［J］．Discussion Papers，2011. DOI：10.2139/ssrn.1851343.

Disney R，Gathergood J. Financial literacy and consumer credit portfolios［J］．Journal of Banking & Finance，2013，37（7）：2246-2254.

Driver T，Brimble M，Freudenberg B，et al.，Insurance literacy in Australia：Not knowing the value of personal insurance［J］．2018，1（1）：53-75.

Horowitz J K，Lichtenberg，K. Insurance，moral hazard，and chemical use in agriculture

[J]. American Journal of Agricultural Economics, 1993 (7): 926 - 935.

Lin X, Bruhn A, William J. Extending financial literacy to insurance literacy: A survey approach [J]. Account Financ, 2019, 591 (SI): 685 - 713.

Miranda, Mario J, Joseph W Glauber. Systemic risk, reinsurance, and the failure of crop insurance markets [J]. American Journal of Agriculture Economics, 1997, 2: 206 - 215.

Murendo C, Mutsonziwa K. Financial literacy and savings decisions by adult financial consumers in Zimbabwe [J]. International Journal of Consumer Studies, 2017, 41 (1): 95 - 103.

Paudel K P, Lohr L, Martin N R. Effect of risk perspective on fertilizer choice by sharecroppers [J]. Agricultural Systems, 2000, 66 (2): 115 - 128.

Ramaswami B. Supply response to agricultural insurance: Risk reduction and moral hazard effects [J]. American Journal of Agricultural Economics, 1993 (4): 914 - 925.

S T. Consumers' insurance literacy: Evidence from survey data [J]. Financial Services Review, 2011, 3 (20): 165 - 179.

Simon H A. A behavior model of rational choice [J]. Quarterly Journal of Economics, 1995, 69 (1): 99 - 118.

Spinnewijn J. Insurance and perceptions: How to screen optimists and pessimists [J]. The Economic Journal, 2013, 123 (569): 606 - 633.

Tronstad R, Bool R. U. S. Cotton acreage response due to subsidized crop insurance, 1995 to 2011 [C] //Agricultural & Applied Economics Association's Crop Insurance and the 2014 Farm Bill Symposium, Louisville, 2014, October 8 - 9.

Tsoukatos E, Rand G K. Cultural influences on service quality and customer satisfaction: Evidence from Greek insurance [J]. Managing Service Quality: An International Journal, 2007, 17 (4): 467 - 485.

Turvey C G. An economic analysis of alternative farm revenue insurance policies [J]. Canadian Journal of Agricultural Economics/Revue Canadienne D Agroeconomic, 1992, 40 (3): 403 - 426.

van Rooij M, Lusardi A, Alessie R. Financial literacy and stock market participation [J]. J Financ Econ, 2011, 101 (2): 449 - 472.

van Rooij M, Lusardi A, Alessie R. Financial literacy and stock market participation [J]. Journal of Financial Economics, 2011, 101 (2): 449 - 472.